Der Giro- und Scheckverkehr bei den Sparkassen.

Herausgegeben

von

E. Riedel,
Kreissparkassen-Rendant und Verbands-Sparkassen-Revisor
in Elbing.

Berlin 1910.
J. Guttentag, Verlagsbuchhandlung,
G. m. b. H.

Inhaltsverzeichnis.

Abkürzungen.

BGB. = Bürgerliches Gesetzbuch vom 18. August 1896.
HGB. = Handelsgesetzbuch vom 10. Mai 1897.
SchG. = Scheckgesetz vom 11. März 1908.

Vorwort und Einleitung.

Der Giro- und Scheckverkehr stellt für die öffentlichen Sparkassen ein mehr oder weniger unbekanntes Gebiet dar. Es erscheint daher nur natürlich, wenn letzteres mit einer gewissen Scheu betreten, von manchen sogar ängstlich gemieden wird. Daß eine derartige Stellungnahme indessen unbegründet ist, lehren die Erfolge, die von einigen Banken mit der Pflege des Giro- und Scheckverkehrs erzielt sind. Vertieft man sich nur ein wenig in dessen Wesen und Zweck, so gelangt man bald zu der Überzeugung, daß alle Befürchtungen grundlos sind.

Es ist indessen nicht jedermanns Geschmack, derartige Untersuchungen anzustellen, zumal damit immerhin eine nicht unerhebliche Mühe verknüpft ist. Der Sinn, sowie die beabsichtigte Wirkung der Gesetzes- und Ausführungsvorschriften lassen sich überdies nicht immer leicht erkennen. In vorliegendem Buche ist versucht, diese Mühsal durch sach- und fachgemäße Schilderung wesentlich herabzumindern.

Wenn vorhin von unbekanntem Gebiet die Rede ist, das der neue Verkehr für die Sparkassen darstellt, so darf daneben nicht außer acht gelassen werden, daß auch für das große Publikum die gleiche Sachlage besteht. Letzteres aber ist noch viel weniger geneigt, über eine neue Einrichtung sich den Kopf zu zerbrechen. Deshalb wird jede Sparkasse bei Einführung des Giro- und Scheckverkehrs ganz besonders darauf bedacht sein müssen, die dafür zu schaffenden Formen und Anwendungsvorschriften möglichst einfach zu gestalten.

Das Publikum will in neuen Einrichtungen Vorteile sehen, namentlich aber größtmöglichste Bequemlichkeiten durch sie genießen. Mit dem reinen Scheckverkehr ist dies indessen nicht zu erreichen; denn was nützt es, wenn z. B. der in Königsberg wohnende Kontoinhaber einem Berliner an Zahlungs Statt einen Scheck auf die Sparkasse seines Orts aushändigt; das Papier muß doch immer wieder auf irgendeine Weise, sei es durch Vermittelung der Post, der Bank oder sonstwen den Weg zum Ursprungsort zurücknehmen, damit es eingelöst wird und der Empfänger zu seinem Geld kommt. Ein derartiger Verkehr würde seiner Umständlichkeit halber und der damit verknüpften Unkosten wegen wenig Anklang beim Volke finden.

Die Sparkassen werden deshalb in den neuen Verkehr auch die Erledigung von Überweisungs- und Zahlungsaufträgen, wie in dem Buche geschildert, einbeziehen müssen. Der Kunde muß sicher sein, daß er aus seinem Guthaben ohne viel Umständlichkeiten überallhin durch seine Sparkasse Zahlungen leisten kann. Zu diesem Zweck soll es genügen, wenn jener ein formgerechter Auftrag übermittelt wird. Dann sind keine Gänge nötig; die ganze Mühewaltung beschränkt sich darauf, das Formular auszufüllen, in einen mit Adresse versehenen Briefumschlag zu hüllen und in einen Postbriefkasten zu werfen.

Vollkommen kann der Sparkassen-Giro- und Scheckverkehr erst dann werden, wenn eine zentrale Abrechnungsstelle ein gemeinsames Band um alle Sparkassen schlingt, was hoffentlich recht bald durch die Verwirklichung des Planes, eine Kommunalbank zu gründen, gelingt. Bis dahin werden die Sparkassen sich zur Erledigung ihrer Aufgabe im wesentlichen der Hilfsdienste anderer Banken, sowie der Post bedienen müssen.

In erster Linie ist das Buch zwar den Sparkassen gewidmet; des ferneren wird es aber auch denen, die mit ersteren in Geschäftsverbindung stehen oder treten wollen, über manche Frage des praktischen Verkehrs Aufschluß geben. Im Grunde genommen, ist der Sparkassenscheckverkehr nichts Besonderes. Es gilt für ihn dasselbe Grundgesetz, wie für den Scheckverkehr der Banken, Genossenschaftskassen u. dgl. Da er naturgemäß Geschäftsbeziehungen zwischen diesen Instituten herbeiführen muß, wird ihnen allen daran gelegen sein, die Geschäftsgebarungen gegenseitig zu verstehen. Hoffentlich trägt dieses Buch auch hierzu etwas bei.

Elbing, im August 1910.

Der Verfasser.

Der Giro- und Scheckverkehr.

Nach Lorenz von Stein, einem Finanzgelehrten, ist Geld eine das Einkommen vermittelnde Maschine. Für den einzelnen sowohl wie für die gesamte Volkswirtschaft ist es keineswegs gleichgültig, ob diese Maschine teuer oder billig ist. Unter diesem Gesichtspunkte betrachtet, wird man ohne weiteres zugeben, daß der den Verbrauch von Edelmetall bedingende Bargeldverkehr ein teureres Betriebsmittel des wirtschaftlichen Verkehrs darstellt, als der Giro- und Scheckverkehr, für den die notwendigen Betätigungsapparate lediglich Tinte und Papier sind. Allerdings erfordert letzterer außerdem noch den Aufwand von Arbeitsleistungen durch die Bank- und Kassenbeamten. Diesem steht indessen die ertragbringende Verwendung (Zinserträge) der zwar im Eigentumsrecht umgeschriebenen, nicht aber effektiv bewegten Kapitalien gegenüber, während Bargeld einen derartigen Ertrag dort, wo es lagert, in der Regel nicht abwirft.

Auf diese Erkenntnis laufen mehr oder weniger die zahlreichen in der Tages- sowie der Fachpresse in letzter Zeit erschienenen Abhandlungen über den Giro- und Scheckverkehr hinaus, so daß es sich erübrigt, hier des näheren auf wissenschaftliche Erörterungen einzugehen. Ebensowenig liegt für dieses der Praxis gewidmete Buch die Notwendigkeit vor, die historische Entwickelung der beiden Verkehrsarten zu schildern. Von Interesse können nur solche Fragen und deren Beantwortung sein, die für die gegenwärtige Handhabung des neuen Verkehrs von Bedeutung sind.

Theoretisch sind Giro- und Scheckverkehr zwei verschiedene Begriffe. Ersterer bedeutet die bargeldlose Verrechnung von Konto zu Konto, wie sie durch die Reichsbank auf sogenannte rote Schecks erfolgt; letzterer überhebt das Publikum der Mühe und des Risikos, Zahlungen selbst zu leisten, indem das vertragsmäßig hierzu verpflichtete Bankinstitut mittels Schecks angewiesen wird, das Zahlgeschäft auszuführen. Die erstere Methode ist, volkswirtschaftlich betrachtet, mithin vorteilhafter als die zweite. Wie die Dinge nun einmal liegen, kann man zu jener indessen nicht ohne Zuhilfenahme der zweiten gelangen. Eine besondere Form im Scheckverkehr, der gekreuzte Scheck [1]) nämlich, greift übrigens in den Giroverkehr über. Auch sonst noch sind mittlerweile die Begriffe ineinandergeflossen, wie beim Postscheckverkehr z. B., so daß jene theoretischen Unterscheidungen zwar für das Verständnis der Einrichtung und der ihretwegen erlassenen Vorschriften, nicht aber für die Praxis wesentliche Bedeutung haben.

Der Sparkassen-Giro- und Scheckverkehr wird, wenn der erwünschte Erfolg auf wirtschaftlichem Gebiet erreicht werden soll, sich in möglichst einfachen Formen bewegen müssen. Deshalb eignet sich das bei den Banken übliche Verfahren nicht ohne weiteres zur Übernahme durch die Sparkassen. Erstere haben fast durchweg mit einem im kaufmännischen Verkehr bewanderten Publikum zu tun, während genannte Eigenschaft dem zumeist aus Landwirten, kleinen Gewerbetreibenden, Beamten, kleinen Rentnern u. dgl. bestehenden Kundenkreis einer Sparkasse fast ganz abgeht.

Diese Anschauung ist für die Konstruktion des in diesem Buche geschilderten Verfahrens nach jeder Richtung hin maßgebend gewesen.

Besonders einfach ist die Einrichtung des für den Verkehr wesentlichsten Werkzeuges, des Verfügungspapieres, das sowohl als Scheck, wie als Zahlungsauftrag und auch als Überweisungsauftrag Verwendung finden kann, getroffen.

---

1) § 14 Sch.G.

Ein Punkt, und zwar der allgemeine Abrechnungsverkehr der Sparkassen untereinander, kann vom Gesichtspunkte des Praktikers aus gegenwärtig noch nicht erörtert werden. Projekte zum gruppenweisen Zusammenschluß der Sparkassen in Giroverbände sind zwar bekannt geworden, zu greifbarer Gestalt ist es mit einer Ausnahme, dem sächsischen Giroverband, indessen noch nicht gekommen. Übrigens gibt dieses Vorgehen zu Bedenken Anlaß, wie die ungünstigen Erfahrungen in bezug auf die Langsamkeit im Postscheckverkehr dargetan haben. Der Grund dafür liegt in der Dezentralisation. Deshalb enthält der Gedanke, eine Kommunalbank ins Leben zu rufen, die sämtlichen deutschen Sparkassen als Zentralabrechnungsstelle dienen soll, die beste Lösung der Aufgabe. Von der Schaffung einer solchen Stelle hängt die Entwicklung zu der erstrebten volkswirtschaftlichen Bedeutung des neuen Verkehrs ab, denn ohne jene ist weder die vollkommene Präzision in der Geschäftsabwicklung, noch die so notwendige Wohlfeilheit möglich. Letztere nimmt naturgemäß mit der Entwicklung des Gironetzes zu, weil eine Überschreibung von Konto zu Konto weniger Kosten verursacht, als die Übermittelung unter Benutzung einer Bank, der Post oder der Postscheckämter. Welche Bedeutung die Billigkeit des Verkehrs für dessen Verbreitung hat, kann man aus der in der Handelsbeilage des Berliner Tageblatts vom 17. August 1910 abgedruckten Zuschrift folgenden Inhalts entnehmen:

„Ich sandte an die Filiale der Bank einen mir zum Einzug übergebenen, auf die genannte Filiale selbst gezogenen Scheck über 32 M. und erhielt dagegen 31,65 M. auf mein Reichsbankgirokonto überwiesen. Die Bank genierte sich also nicht, für ihren eigenen Scheck in Höhe von 32 M. eine Provision von 30 Pfg. in Abzug zu bringen. Die Spesen, die diesem Scheck anhafteten, belaufen sich dementsprechend für Provision, Porti und Scheckstempel auf 55 Pfg. Wahrlich ein Grund, um den Scheck unpopulär zu machen und wieder zur *Postanweisung zurückzugreifen*."

Hieran knüpft das Blatt nachstehende zutreffende Bemerkung:

„Der Fall, den der Einsender vorstehend dargestellt hat, ist *durchaus kein Ausnahmefall*. Die Banken berechnen ganz allgemein für die Überweisung von Schecks, die auf sie selbst ausgestellt sind, auf das Bankkonto des Scheckinhabers oder auch für die direkte Zusendung des Geldbetrages an den Scheckinhaber eine Provision von etwa $^1/_2$ pro Mille und mindestens 20—30 Pfg. Sie bringen im allgemeinen diese Provision nur dann nicht in Anrechnung, wenn der Scheckinhaber bei ihnen selbst ein Bankkonto hat oder sonst mit ihnen in Geschäftsverbindung steht. Im Scheckverkehr zwischen Banken selbst werden sogar regelmäßig von der Bank, auf die der Scheck ausgestellt ist, der präsentierenden Bank die ihr erwachsenen Portokosten vergütet. Während hier also eine vielleicht übertriebene Kulanz herrscht, werden dem Publikum recht „unkulante Provisionen berechnet", die im Verein mit der Scheckſteuer bei vielen Geschäftsleuten den im Allgemeininteresse zu beklagenden Wunsch erwecken: „Lieber Postanweisung als Scheck."

Mit dem Zeitpunkte, in dem das vorhin erwähnte Kommunalbankprojekt Wirklichkeit wird, haben für den Mittel- und Kleinbürgerstand die Sparkassen nahezu dieselbe Bedeutung, welche die Reichsbank für den Großbetrieb hat.

Die Einführung des Sparkassenscheckverkehrs ist für den Mittelstand insofern eine dringende Notwendigkeit, als andernfalls zu befürchten ist, daß durch den Bank- und Postscheckverkehr das Kapital von den kleinen Orten abgezogen und nach den großen Plätzen abgeleitet wird. Diese Ansicht vertritt selbst die den Bankinteressen gewidmete Zeitschrift „Die Bank", wie eine in der Nummer vom September 1909 abgedruckte Abhandlung erkennen läßt.

Dem Postscheckverkehr gegenüber bietet der Sparkassenscheckverkehr folgende wesentlichen Vorteile:

Verzinsung der Guthaben,

umgehende Erledigung im Platzverkehr und beschleunigte Erledigung im Fernverkehr.

Weist eine in Memel oder Königsberg wohnende Person von ihrem Postscheckguthaben eine Zahlung an einen am gleichen Ort Wohnenden an, so muß der Auftrag über das weit entfernte Postscheckamt in Danzig gehen. Um den beabsichtigten Zweck zu erreichen, wird mithin gewöhnlich ein Zeitaufwand von 2—3

Tagen erforderlich sein. Im Sparkassenbetrieb würde damit ein Zeitaufwand von wenigen Minuten verknüpft sein; jedenfalls aber findet jeder Auftrag am Tage der Erteilung seine Erledigung.

Auch der Fernverkehr wird sich über eine Zentralstelle der Sparkassen schneller abwickeln, als dies bei dem Postscheckverkehr der Fall sein kann, wenn dabei zwei Scheckämter in Betracht kommen, was z. B. eintritt, sobald eine Überweisung aus dem Bezirk Danzig nach dem Bezirk Frankfurt a. M. stattfindet.

Besondere Sorgfalt werden die Sparkassen der Anlegung der ihnen aus dem neuen Verkehr zufließenden Gelder zuwenden müssen. Letztere stellen sogenanntes tägliches Geld, also jederzeit fällige Forderungen an die Kasse dar. Diesen müssen naturgemäß entsprechende Forderungen, die die Kasse an andere hat, entgegenstehen. Als solche kommen in Betracht:

„Ausleihungen an Girokunden der in Ziffer 11 der Bestimmung bezeichneten Art (Vorschüsse),

sonstige kurzfristig begebene Darlehne gegen Unterpfand oder Bürgschaft,

die Anlage in Inhaberpapieren,

die Anlage bei Bankinstituten und

die Anlage in Primadiskonten.“

Von außerordentlicher Wichtigkeit für eine sichere Geschäftsentwickelung ist die zuerst genannte Anlage. Stehen den Forderungen der Kunden an die Kasse (Depositenguthaben) in genügendem Maße solche des Instituts an eine andere Gruppe von Kunden, den Vorschußschuldnern, gegenüber, so ist dadurch die Liquidität im Prinzip gewahrt, weil beides täglich fällige Kapitalien sind. Von praktischer Bedeutung ist ferner die bei dieser Art der Anlage leichte Regulierbarkeit des Betriebes bei Schwankungen auf dem Kapitalmarkte. Der Regulator wird von dem Zinsfuß dargestellt. Bei Kapitalflüssigkeit fördert man mit einem niedrigen Zinssatz die Benutzung von Leihgeld, während sich der Depositenzufluß auf diese Weise hemmen läßt. Umgekehrt belebt man letzteren bei Geldknappheit durch einen hohen Zinsfuß, während die Nachfrage nach Darlehnen dadurch eingeschränkt wird.

Gesetzliche Grundlagen für den Sparkassen-Giro- und Scheckverkehr.

Die gesetzliche Grundlage für den Sparkassenscheckverkehr ist die Bestimmung in § 2 des am Schlusse dieses Buches abgedruckten Reichs-Scheckgesetzes vom 11. März 1908. Danach können als Bezogene unter anderen gelten:

> die unter amtlicher Aufsicht stehenden Sparkassen, wenn sie die nach Landesrecht für sie geltenden Aufsichtsbestimmungen erfüllen. Nicht in Betracht kommen hierfür diejenigen Privatsparkassen, die weder Anstalten des öffentlichen Rechts sind, noch unter staatlicher Aufsicht stehen.

Was begrifflich unter Staatsaufsicht zu verstehen ist, sagt Ziffer 19 des Preußischen Sparkassenreglements vom 12. Dezember 1838 mit folgenden Worten:

> Was die Aufsicht des Staats über die Sparkassen anlangt, so soll es zwar im allgemeinen bei demjenigen bewenden, was die Gesetzgebung hinsichtlich der Staatsaufsicht über andere Kommunalinstitute vorschreibt. Die Oberpräsidenten und (Regierungen) Kommunalaufsichtsbehörden sollen aber verpflichtet sein, diesen Instituten eine fortwährende besondere Aufmerksamkeit zu widmen, sich von der Zweckmäßigkeit und Ordnung des Betriebes zu überzeugen, außerordentliche Kassenrevisionen vorzunehmen und anzuordnen und wo sie Unordnungen und Mißbräuche bemerken, mit Ernst auf deren Abstellung zu dringen.

Hiernach hat also jede öffentliche Sparkasse in Preußen Anspruch auf die Genehmigung zur Einführung des Scheckverkehrs;

denn ihr Bestehen setzt ohne weiteres voraus, daß sie von Aufsichts wegen genehmigt ist (Abschnitt 1—4 und 19 des Preußischen Sparkassenreglements und §§ 52 und 53 des preußischen Zuständigkeitsgesetzes vom 1. August 1883), was wiederum nur erfolgt sein kann, wenn die dafür gegebenen Voraussetzungen, das sind die in § 2 des Scheckgesetzes erwähnten Aufsichtsbestimmungen, erfüllt worden sind und dauernd erfüllt werden.

Die hier in Rede stehende staatliche Aufsicht ist keineswegs so zu verstehen, daß den Staatsbehörden die Initiative in bezug auf die Ausgestaltung des Sparkassen-Scheckverkehrs zufällt. Das ist vielmehr Sache jeder Sparkasse selbst. Die dem nachstehend abgedruckten Erlaß des Herrn Ministers des Innern vom 20. April 1909 IV c 776 beigegebenen Ausführungsbestimmungen sind daher, wie aus den Abschnitten 6I und 7II des Erlasses hervorgeht, nicht als zwingende Norm aufzufassen. In dem Erlasse selbst sind nur diejenigen Voraussetzungen angegeben, die von Staatsaufsichtswegen für die Zweckmäßigkeit und Ordnung des Betriebes, wie es in Abschnitt 19 des Reglements heißt, als erforderlich erachtet werden. Ob sie es wirklich durchweg sind, soll hier nicht untersucht werden, weil in einem für die Praxis bestimmten Buch nur gegebene Verhältnisse behandelt werden können. Übrigens wird der Verkehr bald erweisen, inwieweit der Erlaß das Richtige trifft. Er lautet:

I. Scheckverkehr auf Sparguthaben.

Sparkassen, bei welchen die tägliche Verzinsung der Einlagen eingeführt, für eine ordnungsmäßige Buch- und Gegenbuchführung und für sachverständige, regelmäßig wiederkehrende Revisionen gesorgt ist, können mit Genehmigung der Aufsichtsbehörde ihren Sparern die Abhebung der Sparguthaben mittels Schecks gestatten.

Bei der Regelung dieses Scheckverkehrs ist vorzusehen,

1. daß entweder das Sparkassenbuch für die Dauer des Scheckverkehrs im Tresor der Kasse oder bei einer anderen geeigneten

Stelle hinterlegt und im Scheckverkehr durch ein Gegenkontobuch ersetzt wird, oder

2. daß das Sparkassenbuch mit einem Sperrvermerk versehen wird, aus dem deutlich erhellt, daß die Eintragungen im Buche keine Gewähr dafür bieten, daß das Sparguthaben noch in der im Buche angegebenen Höhe vorhanden ist;

3. daß die im Scheckverkehr befindlichen Sparguthaben keiner geringeren Verzinsung unterliegen als sonstige Spareinlagen. Dabei kann der Sparkasse nachgelassen werden bei Zahlungen, welche sie im Scheckverkehr ohne Einhaltung der satzungsmäßigen Kündigungsfrist leistet, dem Einleger eine Gebühr bis zur Höhe desjenigen Betrages zur Last zu schreiben, um den der Einlagezinsfuß für den ausgezahlten Betrag während der Dauer der Kündigungsfrist hinter dem Zinsfuß eines Lombarddarlehns in Höhe des ausgezahlten Betrages für den gleichen Zeitraum zurückbleiben würde;

4. daß unbeschadet der bisherigen Liquidität der Sparkasse mindestens 30 Proz. der im Scheckverkehr befindlichen Sparguthaben in jederzeit liquiden Werten anzulegen sind; als solche gelten nicht Hypotheken oder die Verpfändung von Hypotheken;

5. daß Einzahlungen auf Sparguthaben, über welche der Scheckverkehr eröffnet ist, ebenso wie die Auszahlungen auch ohne Vorlegung des Sparkassen- oder Gegenkontobuchs zulässig sind;

6. daß die Sparkasse auf Wunsch des Sparers aus dessen Guthaben mündelsichere Wertpapiere gegen billige Vergütung anzukaufen hat und für ihn in Verwahrung nehmen kann.

Im übrigen bleibt die Festsetzung der Ausführungsbestimmungen, für welche das nachfolgende Muster als Anhalt empfohlen wird, dem Kuratorium (Verwaltungsrat, Magistrat, Kreisausschuß) der Sparkasse unter Genehmigung der Aufsichtsbehörde überlassen.

Die Genehmigung zum Betriebe des Scheckverkehrs (Abs. 1) kann von der Aufsichtsbehörde aus Gründen der Sicherheit des Sparkassenbetriebes jederzeit widerrufen werden.

II. Scheckverkehr in Verbindung mit Depositen- und Kontokorrentverkehr bei Sparkassen.

Sparkassen, bei welchen die tägliche Verzinsung der Einlagen eingeführt, für eine ordnungsmäßige Buch- und Gegenbuchführung und für sachverständige, regelmäßig wiederkehrende Revision gesorgt ist, können mit Genehmigung des Oberpräsidenten, sofern nach der Entwickelung der Sparkasse und den örtlichen Verhältnissen ein Bedürfnis dazu vorhanden ist, neben dem Spareinlagebetrieb den Depositen- und Kontokorrentverkehr unter Benutzung des Schecks und der Giroüberweisung nach Maßgabe der nachstehenden Bedingungen einführen:

1. die im Depositen- und Kontokorrentverkehr geführten, der Verfügung mittels Scheck oder Giroüberweisung unterliegenden Guthaben müssen von den Sparguthaben getrennt gehalten und in Passiv- und Aktivgeschäft gesondert geführt werden;

2. der Gesamtbetrag der im Depositen- und Kontokorrentverkehr geführten Guthaben darf 10 Proz. des Gesamtbetrages der Einlagen auf Sparkassenbücher nicht übersteigen;

3. die im Depositen- und Kontokorrentverkehr (Scheck-Giroverkehr) eingehenden Beträge müssen mindestens in Höhe von 75 Proz. in liquiden Werten angelegt werden; als solche gelten nicht Hypotheken oder die Verpfändung von Hypotheken;

4. die Kreditgewährung im Depositen- und Kontokorrentverkehr (Scheck-Giroverkehr) ist nur auf Grund derselben Sicherheiten zulässig, wie die Ausleihung der Spareinlagen; doch kann die Beleihung von Wertpapieren, welche bei der Reichsbank in Klasse I beleihbar sind, sowie der Ankauf und die Beleihung von Wechseln unter den in § 13 Nr. 2 und 3d des Reichsbankgesetzes vorgesehenen Voraussetzungen von der Aufsichtsbehörde in mäßigen Grenzen gestattet werden, auch wenn sie im Spareinlageverkehr nicht zugelassen ist;

5. die Festsetzung der Verzinsung der Guthaben bleibt dem Sparkassenkuratorium mit der Maßgabe überlassen, daß für Gut-

haben im Depositen-, Kontokorrent-, Scheck- und Giroverkehr höhere Zinsen als für Spareinlagen nicht gewährt werden dürfen;

6. von den aus dem Betriebe des Depositen- und Kontokorrentverkehrs (Scheck-Giroverkehrs) erzielten jährlichen Reingewinn ist ein Drittel dem Reservefonds der Sparkasse zuzuführen, ein Drittel zur Prämiierung von minderbemittelten Sparern zu verwenden, ein Drittel dem Garantieverbande der Sparkasse zur freien Verfügung zu überlassen;

7. der Aufsichtsbehörde ist mit der Jahresnachweisung eine Uebersicht über den Stand des Depositen-, Kontokorrent-, Scheck- und Giroverkehrs im Aktiv- und Passivgeschäft in 2 Exemplaren einzureichen, aus der die Innehaltung der vorstehenden Bedingungen zu ersehen sein muß.

Im übrigen beschließt über die Bedingungen für die Einrichtung des Depositen-, Kontokorrent-, Scheck- und Giroverkehrs das Sparkassenkuratorium (Verwaltungsrat, Magistrat, Kreisausschuß) mit Genehmigung der Aufsichtsbehörde.

Die Genehmigung zum Betriebe des Depositen-, Kontokorrent-, Scheck- und Giroverkehrs kann aus Gründen der Sicherheit der Sparkasse vom Oberpräsidenten jederzeit widerrufen werden.

v. Moltke.

Anlage.

Ausführungs-Bestimmungen

über den Scheckverkehr auf Sparguthaben bei der .... Sparkasse zu ....

1. Den Inhabern von Sparguthaben wird die Abhebung oder Überweisung ihrer Guthaben auf Antrag auch im Wege des Scheckverkehrs eröffnet.

2. Das Sparkassenbuch des Sparers, welcher vom Scheckverkehr Gebrauch machen will, ist — gegen Aushändigung eines Hinterlegungsscheins im Tresor der Sparkasse zu hinterlegen und wird im Scheckverkehr durch ein dem Sparer auszuhändigendes

Gegenkontobuch ersetzt, dessen Führung, abgesehen von den von der Kasse darin zu quittierenden Einzahlungen, dem Sparer obliegt (oder) — auf dem Deckel oder Umschlag mit der Aufschrift:

Scheckverkehr eröffnet

und auf dem Titelblatt mit dem Vermerk zu versehen:

„Abhebungen auf dies Buch finden auch mittels Schecks statt. Die Eintragungen im Buch geben daher keine Gewähr, daß das Sparguthaben noch in der im Buche angegebenen Höhe besteht."

Der Vermerk auf dem Titelblatt ist von den zur Quittierung von Spareinlagen bevollmächtigten Vertretern oder Beamten der Kasse unterschriftlich zu vollziehen.

3. Nach Zulassung zum Scheckverkehr erhält der Sparer von der Sparkasse ein Scheckbuch und hat seine Unterschrift in zwei Exemplaren bei der Sparkasse zu zeichnen, auch die für den Scheckverkehr der Sparkasse erlassenen Vorschriften durch seine Unterschrift als für ihn verbindlich anzuerkennen.

4. Das Scheckbuch wird dem Sparer — kostenfrei — gegen eine Gebühr von ...... Pfennig in Heften zu je 50 Schecks gegen Quittung von der Sparkasse geliefert und ist sorgfältig aufzubewahren. Von jedem Verlust des Scheckbuchs oder einzelner Blätter desselben ist der Sparkasse sofort Anzeige zu erstatten; unbrauchbar gewordene Formulare sind zurückzuliefern. Der Sparer trägt alle Folgen und Nachteile, welche aus dem Verlust oder sonstigem Abhandenkommen von Scheckformularen entstehen, wenn er die Sparkasse nicht rechtzeitig von dem Abhandenkommen schriftlich benachrichtigt hat, um die Zahlung an einen Unberechtigten zu verhindern. Ebenso ist er der Sparkasse dafür verantwortlich, wenn er die in den Scheckformularen offen gelassenen Stellen nicht so ausfüllt, daß eine Fälschung unmöglich ist.

5. Die Sparkasse führt eine Liste über die von ihr ausgegebenen Scheckbücher und über die in jedem derselben enthaltenen Schecks. In der Liste sind die Schecks mit durch alle Scheck-

bücher hindurch fortlaufenden Nummern zu versehen; die gleiche Nummer wie in der Liste trägt jeder Scheck.

6. Schecks dürfen nur in den Grenzen der vorhandenen Sparguthaben ausgestellt werden, Schecks zur Barzahlung aber höchstens bis zu 1000 Mark, Schecks „nur zur Verrechnung" höchstens bis zu 3000 Mark.

7. Die Ausschreibung eines Schecks über einen Betrag von mehr als 500 Mark ist der Sparkasse unter Angabe des Betrages und ob der Scheck zur Barzahlung oder „nur zur Verrechnung" bestimmt ist, sofort anzuzeigen.

8. Der Inhaber des Scheckbuchs, welcher einen Scheck ausschreiben will, hat dazu das die niedrigste Nummer tragende Formular seines Scheckbuchs zu benutzen. Der Betrag, auf den der Scheck lautet, ist oben rechts in Zahlen, im Texte in Buchstaben einzutragen; der etwa freibleibende Raum ist durch Striche so auszufüllen, daß spätere Zusätze ausgeschlossen sind.

9. Die Unterschrift des Ausstellers kann nur durch den Inhaber des Scheckbuchs (Sparer) selbst geleistet werden und ist handschriftlich, deutlich, mit Tinte zu vollziehen.

10. Der Scheck ist auf den Namen dessen auszustellen, der den Scheckbetrag abheben soll; will der Aussteller selbst den Betrag abheben, so hat er seinen Namen oder die Worte „an mich" an der im Text für den Zahlungsempfänger bestimmten Stelle einzutragen.

11. Da die Sparkasse nicht verpflichtet ist, die Legitimation des Scheckinhabers zu prüfen, so hat jeder Scheck hinter dem Namen des zur Abhebung Berechtigten den vorgedruckten Zusatz „oder Überbringer" zu enthalten. Schecks, in denen dieser Zusatz fehlt, oder gestrichen ist, werden von der Sparkasse nicht bezahlt.

12. Jeder Scheck ist mit Ort und Datum der Ausstellung zu versehen, widrigenfalls er nicht bezahlt wird.

13. Anderweite Eintragungen im Texte des Schecks als die vorerwähnten bezw. durch den Vordruck vorgesehenen sind unzulässig. Eine Zahlungsfrist darf im Scheck nicht angegeben werden.

14. Soll der Scheck nicht zur Barzahlung, sondern zur Verrechnung dienen, so ist er quer auf der Vorderseite mit dem Vermerk „Nur zur Verrechnung" zu versehen. Der Scheckbetrag wird alsdann dem Scheckinhaber, falls er ein Sparkassenguthaben besitzt oder ein solches einrichten will, bei diesem gutgeschrieben bezw. die Gutschrift bei einer Bank auf das Konto des Scheckinhabers herbeigeführt.

15. Wird die Bezahlung oder Verrechnung eines Schecks abgelehnt, so ist dies auf der Rückseite durch einen vom Rendanten und Gegenbuchführer zu vollziehenden, den Tag der Vorlegung des Schecks angebenden Vermerk, dem der Sparkassenstempel beizudrücken ist, zu bescheinigen, und der Scheck dem Einreicher sofort zurückzugeben, auch der Aussteller des Schecks zu benachrichtigen.

16. Jeder Scheck ist innerhalb 10 Tagen, vom Tage der Ausstellung gerechnet, zur Zahlung vorzulegen und kann innerhalb dieser Vorlegungsfrist wirksam nicht widerrufen werden.

17. Der Tod oder Eintritt der Geschäftsunfähigkeit des Ausstellers steht der Einlösung des Schecks durch die Sparkasse nicht entgegen. Dagegen wird die bezogene Sparkasse einen Scheck nicht mehr einlösen, sobald sie von der Eröffnung des Konkurses über das Vermögen des Ausstellers Kenntnis erlangt hat.

18. Die Abhebung oder Überweisung von Sparkassenguthaben mittels Schecks steht in jeder Hinsicht der Abhebung des Guthabens unter Vorlegung des Sparkassenbuchs gleich. Werden Beträge, zu deren Abhebung es satzungsgemäß der Innehaltung einer Kündigungsfrist bedarf, vor Ablauf dieser Frist von der Sparkasse im Scheckverkehr bezahlt oder verrechnet, so ist die Kasse berechtigt, dem Scheckaussteller eine Gebühr bis zur Höhe desjenigen Betrages zur Last zu schreiben, um den der Einlagezinsfuß für den ausgezahlten Betrag während der Dauer der Kündigungsfrist hinter dem Zinsfuß der Kasse für ein Lombarddarlehn in gleicher Höhe zurückbleibt.

19. Halbjährlich mindestens einmal ist das Sparkassenbuch mit dem Stande des Sparguthabens, wie er sich nach den inzwischen eingelösten Schecks und den inzwischen etwa erfolgten Neueinzahlungen ergibt, abzustimmen und die Abrechnung von dem Sparer als richtig anzuerkennen. Bis zu dieser Berichtigung des Sparkassenbuchs werden einerseits Zahlungen und Verrechnungen auf Schecks sowie dem Sparer zur Last fallende Zwischenzinsen und Ausgaben, andererseits Neueinzahlungen des Sparers lediglich bei seinem Sparkonto notiert, dessen Angaben bis zum Beweise des Gegenteils als richtig zu gelten haben.

20. Die Sparkasse ist berechtigt, den Scheckverkehr allgemein oder einzelnen Sparern gegenüber jederzeit wieder einzustellen; insbesondere wird sie dies denjenigen Sparern gegenüber tun, welche sich Mißbräuche oder wiederholte Verstöße gegen die vorstehenden Bestimmungen zuschulden kommen lassen. Die Einstellung erfolgt durch Mitteilung an den Sparer unter Rückforderung des Scheckbuchs.

21. Die Inhaber von Sparguthaben, welche zum Scheckverkehr zugelassen sind, können Einzahlungen jederzeit auch ohne Vorlegung des Sparbuchs auf ihr Guthaben leisten. Auch wird die Sparkasse auf ihren Wunsch und für ihre Rechnung den Ankauf mündelsicherer Wertpapiere aus ihrem Guthaben für sie gegen billige Vergütung besorgen, sowie geeignetenfalls deren Verwahrung und Verwaltung übernehmen.

22. Im Falle einer Abänderung der vorstehenden Bestimmungen, welche nach Bedürfnis vorbehalten bleibt, finden die Abänderungen auf die bei ihrem Inkrafttreten zum Scheckverkehr zugelassenen Sparer ohne weiteres Anwendung.

In diesem Erlaß sind zwei Arten des Scheckverkehrs erwähnt:

I. der Scheckverkehr auf Sparguthaben und
II. der Scheckverkehr in Verbindung mit dem Depositen- und Kontokorrentverkehr.

Ersterer dürfte im allgemeinen kaum jemals eine erhebliche Bedeutung erlangen und, wo das dennoch bei einzelnen Sparkassen der Fall sein sollte, alsbald in die zweite Form übergehen. Dies wird allein schon der Verkehr erzwingen; denn es wird nahezu unmöglich sein, die in Abschnitt 19 der Ausführungsbestimmungen vorgeschriebene, halbjährlich mindestens einmal vorzunehmende Berichtigung der Sparbücher durch Nachtragung der Veränderungen und das Anerkenntnis der Kontoinhaber herbeizuführen. Bei einigermaßen lebhafter Benutzung des Scheckverkehrs dürften jene Arbeiten so umfangreich und zeitraubend werden, daß der Geschäftsverkehr dadurch sehr erheblich gestört werden würde. Endlich auch dürfte es sich alsbald herausstellen, daß das Sparbuch, der für dessen Titelblatt vorgeschriebene Vermerk, die Aufbewahrung im Tresor der Kasse, sowie die nachträgliche Berichtigung des Buchinhaltes durch das außerdem vorgeschriebene Gegenkontobuch nicht nur entbehrlich, sondern vollständig überflüssig gemacht werden.

Die Bestimmungen über den Scheckverkehr auf Sparguthaben sind wohl nur für die Sparkassen gedacht, denen es schwer fallen sollte, sich an Stelle des Begriffs „Spareinlagenverkehr" etwas anderes, nämlich „den Verkehr in laufender Rechnung" zu denken.

Die nachstehenden Ausführungen gelten daher hauptsächlich dem Scheckverkehr in Verbindung mit dem Depositen- und Kontokorrentverkehr, oder, rein deutsch ausgedrückt, dem Verkehr in laufender Rechnung. Man kann indessen zweckmäßig die kürzere Bezeichnung „Giroverkehr" wählen und darf wohl über die Annahme des Fremdwortes um so mehr hinwegsehen, als auch die Übernahme des englischen "check" als „Scheck" ins Deutsche ebenfalls aus Zweckmäßigkeitsgründen erfolgt ist.

Voraussetzung für die Einführung des neuen Verkehrs bei einer Sparkasse ist eine entsprechende Erweiterung der Sparkassensatzungen, für die folgende Fassungen vorgeschlagen sind:

Der Satzung der Sparkasse wird folgender Paragraph hinzugefügt:

Die Sparkasse hat den Scheckverkehr auf Spargutbaben gemäß den gesetzlichen und den geltenden Ausführungsvorschriften eingeführt.

Der Betrieb unterliegt der Genehmigung des Regierungspräsidenten.

Oder:

Die Sparkasse hat den Scheckverkehr in Verbindung mit Depositen- und Kontokorrentverkehr gemäß den gesetzlichen und den geltenden Ausführungsvorschriften eingeführt.

Der Betrieb unterliegt der Genehmigung des Oberpräsidenten.

Scheckvertrag. — Bestimmungen über den Giro- und Scheckverkehr.

Im Scheck weist der Kunde die Sparkasse an, aus seinem Guthaben zu zahlen. Diese Guthabenklausel setzt das Bestehen eines Rechtsverhältnisses [1]) zwischen beiden in der Regel voraus, nach dem die Kasse gehalten ist, der Anweisung des Ausstellers nachzukommen. Diesem Rechtsverhältnis liegt der Scheckvertrag zugrunde, der, durch Annahme der für den Giroverkehr von der Sparkasse herausgegebenen Bedingungen seitens des Kunden, zustande kommt.

Der Scheckvertrag ist ein abstrakter Vertrag, dem durch andere Vertragsverhältnisse bedingte Verpflichtungen zugrunde liegen. Als derartige Grundgeschäfte kommen vorzugsweise in Betracht: das Schuldverhältnis der Sparkasse [2]) gegenüber dem Kunden aus von ihm oder für ihn eingezahlten oder überwiesenen Guthaben und die aus einem Darlehnsversprechen [2]) (Kreditgewährung) des Instituts hervorgehenden Leistungsverpflichtungen.

1) § 3 SchG.

2) §§ 241 ff. u. 607 ff. BGB.

Bei Abfassung der Bestimmungen wird man auf die altbewährten Muster unserer ersten Institute, wie der Reichsbank und Seehandlung, zurückgreifen können. Dabei dürfen diejenigen der soliden Privatbanken nicht übersehen werden, weil sie, an weniger bürokratische Vorschriften gebunden, manche den Verkehr erleichternde Formen enthalten, die unbeschadet der Verkehrssicherheit Anwendung finden können. Besonderes Gewicht ist darauf zu legen, daß die Bestimmungen in möglichst knapper, leicht verständlicher Form abgefaßt werden; denn das für die Sparkassen in Betracht kommende Publikum ist weniger geschäftsgewandt, als dasjenige der Banken. Trotzdem muß das Geschäftsgebiet erschöpfend behandelt werden, damit Klarheit über alle denkbaren Vorkommnisse geschaffen und Schäden für beide Vertragschließenden möglichst ausgeschlossen werden.

Der hier folgende Entwurf zu den Bestimmungen ist in etwas anderer Fassung zunächst in der volkswirtschaftlichen Zeitschrift „Die Sparkasse" in Nummer 644 vom 1. Januar 1909 veröffentlicht. Auch hat er in der Broschüre des Dir. Gruber, „Die Sparkassen und das Scheckgesetz" (Straßburg, Elsässische Druckerei und Verlagsanstalt vorm. G. Fischbach) zwar eine günstige Beurteilung erfahren, mußte später jedoch, nach eingehender Prüfung seitens der Königlichen Regierung, einiger Aenderungen unterzogen werden, die ihm wesentlich zum Vorteile gereichten.

Bestimmungen für den Kapitalverkehr in laufender Rechnung (Giro-Verkehr, Geldüberweisungsverkehr) bei der Sparkasse N. N.

Eröffnung und Löschung des Kontos.

1. Jedermann kann bei der Sparkasse die Eröffnung eines „Geldüberweisungs-Kontos" beantragen. Die Kasse ist berechtigt, den Antrag ohne Angabe von Gründen zurückzuweisen. Beiden Teilen steht es frei, das Konto jederzeit aufzulösen.

Unterschriften.

2. Vor Eröffnung des Kontos hat der Antragsteller diese Bestimmungen durch Unterzeichnung anzuerkennen. Seine Unter-

schrift, sowie diejenigen der übrigen Personen, welche zur Zeichnung des Namens oder der Firma des Kontoinhabers berechtigt sind, desgleichen die Unterschriften der Bevollmächtigten, müssen bei der Kasse abgegeben werden. Alle der letzteren mitgeteilten Unterschriften und Vollmachten bleiben so lange gültig, bis ihr von dem Erlöschen schriftlich Anzeige gemacht worden ist.

Kontoführung.

3. Der Kontoinhaber erhält von jeder Veränderung des Kontos schriftliche Nachricht. Einsprüche gegen die mitgeteilten Veränderungen müssen innerhalb acht Tagen nach Aufgabe der Benachrichtigung zur Post oder der Aushändigung durch den Kassenboten erfolgen.

Sofern Einspruch fristgemäß nicht erhoben wird, erlischt jede Haftpflicht der Sparkasse.

Einzahlungen.

4. Einzahlungen können geleistet werden:

a) in barem Gelde bei der Kreissparkasse, durch Postanweisung oder Postwertsendung;

b) durch Bareinzahlungen oder Überweisungen:

I. auf das Girokonto der Kreissparkasse N. N. bei der Reichsbank,

II. bei jeder Postanstalt auf das Postscheckkonto der Kreissparkasse N. N. (Konto-Nr. . . . . beim Postscheckamt in . . . . .),

III. auf das Konto der Kreissparkasse N.N. bei der Preußischen Zentral-Genossenschaftskasse in Berlin,

IV. auf das Konto der Kreissparkasse N. N. bei allen denjenigen öffentlichen Sparkassen und Bankanstalten, mit denen sie in Verrechnung steht;

c) in fälligen, zur Einziehung bestimmten, bei der Kreissparkasse zahlbar gestellten Wechseln, Schecks, Anweisungen u. dgl. Die Gutschrift erfolgt nach Eingang des Gegenwerts. Unbezahlt gebliebene Papiere erhält der Kontoinhaber gegen Empfangs-bestätigung, nötigenfalls mittels eingeschriebenen Briefes, in der Regel an dem auf die Fälligkeit folgenden Werktage, zurück;

d) durch Überweisung dauernder Bezüge, wie Gehalt, Pension Zinsansprüche an die Reichs- und Staatsschuldbuchverwaltung, sowie an Privatpersonen u. dgl. m. nach besonderer Übereinkunft.

Auszahlungen.

5. Der Kontoinhaber kann über sein Guthaben in der Regel ohne vorhergehende Kündigung verfügen, und zwar:

a) durch Entnahme von barem Gelde gegen Scheck, der auf den Überbringer lautet, oder durch Zahlungsauftrag in der unter Ziffer 7 vorgeschriebenen Art. In letzterem Falle bleibt es der Sparkasse überlassen, die Auszahlungsweise nach ihrem Ermessen zu wählen. Mit der Überweisung über Postscheckkonto oder Einzahlung auf Postanweisung wird sie dem Kontoinhaber gegenüber des Auftrages wegen befreit,

b) durch Uebeweisung gegen Scheck in der unter Ziffer 8 vorgeschriebenen Art an Inhaber anderer Konten bei der Kreissparkasse N. N. oder einer anderen mit ihr in Verrechnung stehenden öffentlichen Sparkasse oder Bank,

c) durch Zahlbarmachung (Domizilierung) seiner Wechselakzepte bei der Sparkasse. Diese Wechsel müssen rechtzeitig, mindestens acht Tage vor Fälligkeit, der Kasse avisiert werden,

d) durch Anweisung regelmäßig wiederkehrender Leistungen, wie Steuern, Deichabgaben, Zinsen u. dgl. nach besonderer Übereinkunft.

Für die durch Verzug entstandenen Vertragsstrafen u. dgl. haftet die Kasse nicht.

Schecks.

6. Die Scheckformulare werden jedem Kontoinhaber nach Bedarf in Heften zu je 50 Stück von der Sparkasse geliefert. Er ist verpflichtet, die Formulare sorgfältig aufzubewahren und

jeden Verlust unverzüglich der Kasse anzuzeigen, damit Auszahlungen an Unberechtigte verhindert werden.

Unbrauchbar gewordene Formulare sind zurückzuliefern, desgleichen die bei Aufhebung des Kontos unverbraucht gebliebenen.

Die Formulare sind in der Reihenfolge zu benutzen.

Die in dem Formular offen gelassenen Stellen sind mit Tinte oder Tintenstift so auszufüllen, daß eine Fälschung unmöglich ist; ferner sind diejenigen Zahlen von der Zahlenreihe (rechts) vor Ausgabe des Schecks abzutrennen, die dessen Betrag übersteigen.

Auf Verlangen wird ein Scheckschlüssel ausgehändigt. Alsdann ist jeder Scheck neben der Schecknummer mit der Schlüsselnummer zu versehen, ohne die eine Bezahlung des Schecks unzulässig ist.

Schecks, die geschriebene Zusätze zwischen den vorgedruckten Zeilen enthalten, werden nicht bezahlt. Korrekturen und Rasuren sind unzulässig. Derartig beschädigte Schecks können seitens der Kasse zurückgewiesen werden.

Da die zur Barzahlung bestimmten Schecks (Ziffer 5a) auf eine namentlich bezeichnete Person, Firma oder dgl. mit dem Zusatz „Oder Überbringer“ lauten, so werden sie an den Vorzeiger ausgezahlt, dessen Legitimation zu prüfen keine Verpflichtung besteht.

Soll eine Überweisung an Inhaber anderer Konten durch Scheck stattfinden (Ziffer 5b), so ist der Scheck mit dem quer über den Text zu setzenden Vermerk: „Zur Verrechnung“ zu versehen.

Jeder Scheck ist innerhalb 10 Tagen, vom Tage der Ausstellung gerechnet, zur Zahlung vorzulegen und kann innerhalb dieser Vorlegungsfrist wirksam nicht widerrufen werden.

Alle Folgen und Nachteile des Zuwiderhandelns gegen die hier angeführten Bestimmungen trägt der Kontoinhaber.

Zahlungsauftrag.

7. Zahlungsaufträge sind unter Benutzung von Scheckformularen unter **Streichung** der Worte „Gegen diesen Scheck" und der Worte „Oder Überbringer" zu erteilen.

Die Ausführung dieser Aufträge erfolgt in der unter Ziffer 5a geschilderten Weise.

Überweisungen.

8. Überweisungen sind unter Benutzung von Scheckformularen aufzugeben. In diesem Falle sind die Worte „Gegen diesen Scheck" und „Oder Überbringer" in dem Scheckformular zu streichen und quer über den Text die Worte: „Zur Verrechnung" zu setzen.

Verzinsung.

9. Die Guthaben werden nach dem jeweilig im Kassenlokal durch Aushang bekannt gegebenen Satze verzinst. Bei der Zinsberechnung bleiben Pfennigbruchteile außer Ansatz. Die Verzinsung beginnt mit dem auf die Gutschrift folgenden Tage und endigt mit dem Tage der Lastschrift.

Kosten.

10. Außer den im Interesse des Kontoinhabers aufgewandten Portokosten und Überweisungsspesen für andere Banken erwachsen ihm keine Kosten. Sollte indessen das durchschnittlich auf dem Konto gehaltene Guthaben der Kasse genügende Entschädigung für ihre Mühewaltung nicht gewähren, so behält sie sich vor, für die gelieferten Formulare Entgelt zu erheben.

Vorschüsse.

11. Als Guthaben des Kontoinhabers gilt auch derjenige Betrag, der ihm seitens der Kasse als Kredit (Vorschuß) eingeräumt ist. Derartige Vorschüsse können nur unter Beachtung der in § .... der Sparkassensatzung für Ausleihungen vorgeschriebenen Bedingungen gewährt werden. Der Kontoinhaber, der Vorschüsse zu entnehmen wünscht, hat eine Erklärung folgenden Wortlauts einzureichen:

„Für sämtliche der Kreissparkasse N. N. mir gegenüber zustehende Forderungen verpfände ich alle auf andere Konten, z. B. Spareinlagen, mir zustehende Guthaben, sowie meine sämtlichen im Besitze der Kasse befindlichen Wertpapiere und die durch sie verbrieften Forderungen, wie Hypotheken- und Grundschuldforderungen, Inhaberpapiere, Wechsel, Sparbücher anderer Kassen, endlich auch die mir aus getilgten Hypotheken zustehenden Eigentümergrundschuldforderungen.

Der Sparkasse räume ich das Recht ein, sich im Falle meines Verzuges ohne Beschaffung eines vollstreckbaren Titels und ohne Beachtung der für die Zwangsvollstreckung geltenden Vorschriften aus dem Pfande zu befriedigen. Namentlich soll die Sparkasse von der Verpflichtung zu Androhungen, Benachrichtigungen und der Einhaltung gesetzlich vorgeschriebener Fristen befreit sein."

Die Verzinsung der Vorschüsse erfolgt nach dem hierfür bekannt gemachten Zinssatze. Die in Ziffer 9 enthaltenen Vorschriften haben hierfür sinngemäß Geltung.

Sonstige Bestimmungen.

12. Die Beamten der Sparkasse sind verpflichtet, über alle zu ihrer Kenntnis gelangenden Vermögensangelegenheiten der Kontoinhaber gegen jedermann, insonderheit auch gegen die Steuerbehörde, das unverbrüchlichste Stillschweigen zu beachten.

13. Sofern der Kontoinhaber beabsichtigt, über mehr als 5000 M. an einem Tage zu verfügen, hat er mindestens 3 Tage vorher, und bei Beträgen von mehr als 10000 M. 8 Tage vorher der Kasse hiervon Kenntnis zu geben.

14. Die Versendung von Geld und Wertpapieren erfolgt unter voller Wertangabe, sofern der Auftraggeber nicht eine andere Wertangabe oder Versendungsart ausdrücklich vorgeschrieben hat.

15. Bezüglich ungestempelter oder nicht richtig gestempelter Wechsel und anderer Urkunden behält sich die Sparkasse die Be-

rechnung der etwa festgesetzten Strafen, Nachsteuern, Kosten u. dgl. gegen den Kontoinhaber vor.

16. Die Sparkasse behält sich ferner das Recht vor, verpfändete oder sonst zur Aufbewahrung ihr übergebene Wertstücke bei der Reichsbank, der Zentral-Genossenschaftskasse oder einem andern, die Aufbewahrung von Werten gewerbsmäßig betreibenden Institut, zu hinterlegen.

Die Kontrolle über die Auslosung und das Aufgebot solcher Wertstücke übernimmt die Kasse ebensowenig wie die Verpflichtung zur Besorgung neuer Zinsscheinbogen.

17. Alle die Ausführung eines Geldüberweisungsauftrages betreffenden Ansprüche gegen die Kasse verjähren nach zwei Jahren vom Datum des Auftrages an gerechnet.

18. Der Gerichtsstand für alle von der Sparkasse gegen den Kontoinhaber oder von diesem gegen die Kasse etwa zu erhebenden Ansprüche ist N. N.

19. Der Tod oder Eintritt der Geschäftsunfähigkeit des Ausstellers steht der Einlösung des Schecks durch die Sparkasse nicht entgegen. Dagegen wird die bezogene Sparkasse einen Scheck nicht mehr einlösen, sobald sie von der Eröffnung des Konkurses über das Vermögen des Ausstellers Kenntnis erlangt hat.

20. Erben eines Kontoinhabers, auch Testamentserben, müssen, wenn die Sparkasse es verlangt, den Nachweis der Erbfolge durch gerichtlichen Erbschein führen. Testamentsvollstrecker haben ein Zeugnis des Nachlaßgerichts über die Ernennung beizubringen. Bei Vorlegung einer gerichtlichen oder notariellen letztwilligen Verfügung und der darüber aufgenommenen Eröffnungsverhandlung bleibt die Sparkasse von der Pflicht einer weiteren Legitimationsprüfung befreit.

21. Die Abänderung dieser Bedingungen bleibt der Sparkasse jederzeit vorbehalten. Hierzu ist die Genehmigung der Aufsichtsbehörde erforderlich.

Die Abänderungen sind von dem für ihre Geltungskraft bestimmten Zeitpunkte ab auch für die Inhaber bereits bestehender

Konten verbindlich, falls nicht innerhalb einer Woche nach der in § . . . . der Sparkassensatzungen erfolgten Bekanntmachung die Auflösung des Kontos erfolgt.

Der Vorstand der Sparkasse N. N.

Erläuterungen zu den Bestimmungen über den Giro- und Scheckverkehr.

1. Eröffnung und Löschung des Kontos.

Ein Giro- und Scheckvertrag kann geschlossen werden mit natürlichen (physischen) [1]) und gedachten (juristischen) [2]) Personen des bürgerlichen Rechts [2]), mit Firmen [3]), Aktiengesellschaften [4]), Erwerbs- und Wirtschaftsgenossenschaften [5]), Vereinen [6]), sowie mit juristischen Personen des öffentlichen Rechts, wozu die Reichs- und Staatsbehörden, Kommunalverbände (Provinzial-, Kreis- u. Stadtbehörden), Kirchengemeinden und alle sonstigen diesem Rechte unterstellten Stiftungen, Anstalten und Genossenschaften zu rechnen sind.

Natürliche Personen müssen, um einen Vertrag schließen zu können, unbeschränkt [7]) geschäftsfähig sein. Für geschäftsunfähige [8]) oder in ihrer Geschäftsfähigkeit beschränkte Personen [9]) kann der Vertrag nur mit deren gesetzlichem Vertreter (des ehelichen

1) §§ 1 ff. BGB.
2) §§ 21 ff. BGB.
3) §§ 17, 33, 124 HGB.
4) § 210 HGB.
5) Reichsgesetz betr. die Erwerbs- und Wirtschaftsgenossenschaften (RGBl. 1898 S. 810).
6) §§ 55—79 BGB.
7) §§ 2, 3 BGB.
8) § 104 BGB.
9) §§ 106, 114 BGB.

Vaters [1]), der ehelichen Mutter [2]), des Vormundes [3]), des Pflegers [4]) zustande kommen.

Ermächtigt der gesetzliche Vertreter mit Genehmigung des Vormundschaftsgerichts den Minderjährigen zum selbständigen Betrieb eines Erwerbsgeschäfts, so ist der Minderjährige für solche Rechtsgeschäfte unbeschränkt geschäftsfähig, welche der Geschäftsbetrieb mit sich bringt. Ausgenommen sind Rechtsgeschäfte, zu denen der Vertreter der Genehmigung des Vormundschaftsgerichts bedarf.

Die Ermächtigung kann von dem Vertreter nur mit Genehmigung des Vormundschaftsgerichts zurückgenommen werden.

Beim Abschluß von Verträgen mit verheirateten Frauen ist noch besonders zu erwägen, ob und inwieweit deren Vermögen der Verfügung des Mannes unterworfen ist. Das richtet sich nach der Form des zwischen den Eheleuten bestehenden Güterrechts [5]). Da es zuweilen nicht leicht sein dürfte, darüber unzweifelhafte Klarheit zu erlangen, empfiehlt es sich, von dem Ehemanne Beitritt und Genehmigung zu der Erklärung der Frau herbeizuführen, indem die Girobestimmungen mit folgendem Zusatz von ihm unterschrieben werden: Ich trete vorstehender Erklärung meiner Ehefrau genehmigend bei.

Für die Unterzeichnung der Girobestimmungen namens juristischer Personen des bürgerlichen Rechts kommen die in den Vereins- [6]), Handels- [7]), Genossenschaftsregistern [8]) als hierzu für befugt bezeichneten Vertreter bezw. Firmeninhaber in Betracht.

1) §§ 1630, 1634/35, 1666, 1670, 1676—1680 BGB.
2) §§ 1684, 1685, 1696—1698, vgl. § 1707 BGB.
3) §§ 1793, 1897 BGB.
4) § 1915 BGB.
5) §§ 1363—1563 BGB.
6) §§ 21, 22, 55 ff. BGB.
7) §§ 8 ff. HGB.
8) §§ 10, 13 des Genossenschaftsgesetzes.

Die Unterzeichnung der Bestimmungen namens juristischer Personen des öffentlichen Rechts hat durch die gesetzlich für die Vertretung bestellten Amtspersonen zu erfolgen. Es werden dieserhalb namentlich die bezüglichen Bestimmungen der Provinzial-, Kreis-, Städte- und Landgemeindeordnungen zu beachten sein.

Sofern Kredit in Anspruch genommen wird, ist noch besonders zu untersuchen, ob etwa die Genehmigung der Aufsichtsbehörde erforderlich ist.

2. Unterschriften.

Nach Lage der Gesetzgebung ist der Scheckvertrag formlos. Trotzdem ist es aus Zweckmäßigkeitsgründen ratsam, die Bestimmungen unterschriftlich anerkennen zu lassen, um später allen Einreden und Einwänden zu begegnen. Als Kunden kommen nur des Schreibens kundige Personen in Betracht, weil andere zwar einen Scheckvertrag abschließen, die Schecks aber, für die schriftliche Form gesetzlich vorgeschrieben ist, nur unter erschwerenden Umständen würden ausfertigen können [1]).

Neben der Namenszeichnung unter den Bestimmungen sind noch die Unterschriften der Zeichnungsberechtigten einschließlich der Bevollmächtigten auf dem Kontoblatt oder in einem hierfür eigens angelegten Buche abzugeben, um Vergleiche mit den auf den Schecks befindlichen Unterschriften anstellen zu können. Nötigenfalls muß der zu Kontrollzwecken erforderliche Namenszug später wiederholt eingefordert werden. Aus dem eingeforderten, die Unterschrift enthaltenden Blatte schneidet man zweckmäßig den entsprechenden Streifen aus, um ihn auf das Konto oder in das Unterschriftsbuch einzukleben.

Ein Ersuchen um erneute Abgabe der Unterschriften würde etwa, wie folgt, lauten:

---

1) § 126 BGB.

An

in

....

Zwecks Vervollständigung unserer Geschäftsbücher belieben Sie gefl. umgehend die Unterschriften der zur Zeichnung von Schecks, Giro- und Zahlungsanweisungen, sowie von Empfangsanerkenntnissen über Scheckhefte berechtigten Personen hierunter mitzuteilen.

Kreissparkasse ....

Unterschriften.

(Rückseite vorstehenden Schreibens)

Konto-Nummer..............

Firma bezw. Kontoinhaber.......

Die Schecks werden zeichnen:

Eigenhändige Unterschrift des oder der Zeichnungsberechtigten	Angabe, welche Personen gemeinschaftlich zeichnen

3. Die Kontoführung ist eingehend im Abschnitte „Geschäfts- und Buchführung" behandelt.

Für die Benachrichtigung des Kontoinhabers von den vorgekommenen Veränderungen dient nachstehendes Schema.

Kreissparkasse
N. N.

Ort, Datum

Kontoauszug

für ....

....

Konto-Nr. ....

	Gut-schriften	Last-schriften	Stand des Gut-habens	
Nach dem vorigen Auszug:	—	—	1110	40
Gutschriften; von: Nickel-Elbing	100.—	—		
Gehalt	1200.—	—		
	—	—		
	—	—		
Lastschriften; an: E. Müller-Elbing	—	180.—		
F. Krause-Berlin	—	30.—		
	—	—		
	—	—		
Summe:	1300.—	210.—	1090	—
Gegenwärtiges Guthaben:			2200	40

Die Benachrichtigungen bezüglich eines Vorschußkontos sind zum Unterschied von den vorhin erwähnten Formularen auf Papier von anderer Farbe herzustellen und müssen in der letzten Spalte die Bezeichnung: „Stand der Schuld" tragen.

Die Versendung erfolgt am besten im Brief, weil die Benachrichtigung mittels Postkarten zu indiskret sein würde.

Von der Benachrichtigung ist eine auf einem Kopierapparat oder mittels Durchschrift hergestellte zweite Ausfertigung zurückzubehalten, um vorkommendenfalls bei Einsprüchen auf den Inhalt zurückgreifen zu können. Das letztere Verfahren ist besonders zweckmäßig, wenn die Formulare zu einem Heft verbunden bezogen werden, aus dem sie an einer perforierten Linie abgetrennt werden können; und zwar haben perforierte und nichtperforierte Blätter abzuwechseln. Die ersteren dienen zum Versenden, während die anderen im Hefte als Durchschrift zurückbleiben.

4. Einzahlungen auf das Girokonto können geleistet werden von dem Kontoinhaber selbst, wie auch von anderen Personen zu dessen Gunsten auf die in den Bestimmungen vorgesehenen verschiedenen Arten.

Über Bareinzahlungen ist vom Zahlenden ein Bareinlieferungszettel nach folgendem Schema der Kasse zu übergeben:

Bareinlieferungszettel.

Zur Gutschrift auf das Girokonto Nr. .... de............
.... in ....
bei der Kreissparkasse in zahlt der Unterzeichnete

„.................. M. .... Pfg."

in Worten: M. ______________________

..............................., den ....ten .... 19....

Unterschrift.

.... Perforierte Linie. ....

Von .... sind zur Gutschrift auf das Girokonto Nr. .... für ....
bei der Kreissparkasse in

„.................. M. Pfg."

in Worten: M. ______________________

eingezahlt.

..............................., den ....ten .... 19....

Kreissparkasse.

Mittels dieses Formulars hat auch die Einlieferung fälliger Zinsscheine, die auf der Rückseite des ersteren gruppenweise aufzuführen sind, zu erfolgen.

Die Ausfertigung eines derartigen Einlieferungszettels ist keineswegs zwingendes Erfordernis, wenngleich sie durchaus erwünscht und zweckmäßig ist, weil dadurch die Abfertigung erleichtert und wesentlich diskreter gestaltet wird, als wenn durch mündliches Verhandeln die Wünsche des Publikums entgegengenommen werden müssen. Wird dennoch das letztere Verfahren von jemandem beliebt, so erhält er über die Einzahlung eine gewöhnliche Quittung.

Bei Einzahlungen oder Überweisungen auf das Reichsbankgirokonto oder sonstige Bankkonten der Sparkasse vertreten die üblichen Benachrichtigungen, bei Einzahlungen auf Postscheckkonto die Abschnitte der Zahlkarten bezw. die Lastschriftzettel den oben erwähnten Einlieferungszettel.

Über die zur Einziehung und Gutschrift des Gegenwerts auf ein Girokonto bestimmten Wechsel, Schecks, Anweisungen, wie fälligen Zinsscheinen u. dgl. ist schon deshalb die Beigabe eines Einlieferungszettels zwingendes Erfordernis, weil diese Vorgänge komplizierter sind und deshalb die Abgabe der Willenserklärung in schriftlicher Form zur Vermeidung von Irrtümern und Mißverständnissen unerläßlich machen.

Für die Einziehung können nur solche Wechsel in Betracht kommen, die bei der Sparkasse domiziliert sind [1]). Andere Wechsel müßten dem Bezogenen bezw. dem Aussteller in der Wohnung oder dem Geschäftslokal präsentiert werden, eine Aufgabe, zu deren Bewältigung ausreichendes und gut geschultes Botenpersonal erforderlich ist, wie es den Sparkassen selten zur Verfügung stehen dürfte. Der Domizilvermerk macht die Präsentation überflüssig, weil der Bezogene genötigt ist, den fälligen Betrag der Kasse, der Domiziliatin, zur Verfügung zu stellen,

---

1) WO. Art. 24, 43, 99.

sei es durch Bareinzahlung oder Anweisung aus einem vorhandenen Guthaben.

Schecks und Anweisungen können bei der Kasse nur dadurch zahlbar gestellt werden, daß sie auf letztere gezogen werden oder daß die betreffende Kasse infolge Vereinbarung mit anderen Instituten als Einlösungsstelle bezeichnet wird. In letzterem Falle muß der Scheck vor Auszahlung oder Gutschrift des Betrages dem bezogenen Institut zur Anerkennung vorgelegt werden.

Ein Domizilvermerk auf Schecks ist unzulässig [1]), wodurch keineswegs die vorhin erwähnte Vereinbarung von Einlösungsstellen ausgeschlossen wird.

Die zur Einziehung bestimmten Papiere sind der Sparkasse mit doppelt auszufertigendem Verzeichnis folgenden Musters einzureichen, wovon eins, durch Beidrückung des Sparkassenstempels bestätigt, zurückzugeben ist.

Muster.

Die Kreissparkasse zu   erhält zur Einziehung und Gutschrift des Wertes auf mein Girokonto Nr. .... nachbezeichnete *Wechsel / Schecks:

M.	Pf.	Zahlungsverpflichteter	Fälligkeitstermin der Wechsel

Ort.   Datum.

Unterschrift.

* Für jede Art ist ein besonderes Verzeichnis auszufertigen.

Den Fälligkeitsterminen der Einzugspapiere, namentlich in bezug auf die Wechsel, ist besondere Aufmerksamkeit zu widmen,

1) § 5 Satz 2 SchG.

damit die zwecks Regreßnahme [1]) erforderlichen Fristen von dem Auftraggeber eingehalten werden können. Zu diesem Zwecke ist es erforderlich, daß die Termine im Terminskalender sorgfältig notiert und kontrolliert werden. Nichteingelöste Papiere sind mit tunlichster Beschleunigung dem Auftraggeber mittels eingeschriebenen Briefes, falls anderes nicht bestimmt ist, zurückzusenden, damit jener die erforderlichen Maßnahmen, namentlich den Protest mangels Zahlung, rechtzeitig in die Wege leiten kann.

Will die Sparkasse dem Publikum noch besonders entgegenkommen, so mag sie selbst die Erledigung dieser Formalitäten übernehmen, doch sollte in dieser Hinsicht zunächst etwas Zurückhaltung geübt werden, bis man sicher ist, daß die Verpflichtung ohne Schaden übernommen werden kann. Für diesen Fall kann das Risiko dadurch wesentlich vermindert werden, daß die Sparkasse ihre Kundschaft anhält, darauf hinzuwirken, daß die für den Einzugsverkehr bestimmten Domizilwechsel und Schecks mit dem Vermerk „ohne Protest“ oder „ohne Kosten“ versehen werden [2]). Alsdann ist der Regreßanspruch ohne die Formalität „der Protesterhebung“ innerhalb der gesetzlich vorgeschriebenen Frist von zwei Tagen [3]) nach Ablauf der Zahlungsfrist [4]) gewahrt. Das Recht, den Protest zu erlassen, steht dem Aussteller sowie den Giranten, bei Domizilwechseln auch dem Akzeptanten zu.

Die Überweisung dauernder Bezüge, wie Gehalt oder Pension erfolgt auf an die zahlungspflichtige Kasse zu richtenden Antrag des Bezugsberechtigten. Bezüglich der von den Kassen des preußischen Staates zu bewirkenden Überweisungen ist folgender Erlaß ergangen:

---

1) Art. 41, 43, 98 Abs. 6 WO. §§ 11, 16, 17 SchG.
2) Art. 42 WO. § 16 SchG.
3) Art. 45 WO.
4) Art. 41 WO.

Der Finanzminister.
J.-Nr. I 19 320
II 14 214
III 21 722

Berlin C. 2., den 13. Dezember 1907.

Betrifft Zahlung der Diensteinkünfte der Beamten sowie Zivilpensionen und Hinterbliebenenbezüge.

I. 1) Die bei den staatlichen Behörden in Berlin bestehende Einrichtung, daß den Beamten, welche ein Konto bei einem an den Reichsbankgiroverkehr angeschlossenen Bankhaus haben, ihre vierteljährlichen Gehaltsbezüge auf Wunsch ganz oder zum Teil dem Bankkonto im Girowege zugeführt werden, wird vom 1. Januar 1908 ab auf alle staatlichen Behörden in den Provinzen ausgedehnt, deren Beamte ihr Gehalt von einer an den Reichsbankgiroverkehr angeschlossenen Kasse gezahlt erhalten. Es geschieht dies einmal im Interesse der Beamten, die einen Teil ihrer Dienstbezüge auf kürzestem Wege vorübergehend verzinslich machen können, dann aber auch im öffentlichen Interesse, da die Verbesserung des Geldumlaufs durch Vermeidung einer zwecklosen Hin- und Herbeförderung der Barmittel und eines unwirtschaftlichen Zurückhaltens derselben in privatem Besitz aus volkswirtschaftlichen Gründen dringend geboten erscheint.

2) Anträge auf Giroüberweisung sind nach dem beiliegenden Muster A, zwischenzeitliche Abänderungsanträge nach dem beiliegenden Muster B zu stellen. Antragsformulare werden von den Kassen unentgeltlich verabfolgt.

3) Die Überweisung der Diensteinkünfte auf das Reichsbankgirokonto der beteiligten Bankhäuser hat an dem dem Fälligkeitstage vorhergehenden Werktage, und wenn der Fälligkeitstag auf einen Sonntag oder Festtag fällt, an dem zweitvorhergehenden Werktage mittels roten Schecks zu erfolgen und ist zur Sicherung der rechtzeitigen Übertragung auf das Konto der Empfänger dem Bankhause 2 Tage vorher anzumelden. Die den Beamten nach Abzug der Giroüberweisung noch zustehenden Gehaltsteile werden in bisheriger Weise bar gezahlt.

II. 4) Die Giroüberweisung soll vom 1. Januar 1908 ab versuchsweise auch für die vierteljährlich zahlbaren Wartegelder, Zivilpensionen und Unterstützungen der Pensionsempfänger mit der Maßgabe zugelassen werden, daß die fälligen Beträge dem Bankhause in voller Summe überwiesen werden und nicht eine teilweise Barzahlung erfolgt. Die Überweisung hat auch hier an dem dem Fälligkeitstage vorhergehenden Werktage und, wenn der Fälligkeitstag auf einen Sonntag oder Festtag fällt, an dem zweitvorhergehenden Werktag unter vorheriger Benachrichtigung des Bankhauses zu erfolgen.

5) Bankkontoinhabern, welche Pensionen usw. aus einer nicht an den Reichsbankgiroverkehr angeschlossenen staatlichen Kasse beziehen, können bei der betreffenden Regierung die Zahlbarmachung durch eine in den Reichsbankgiroverkehr einbezogene Kasse beantragen.

6) Über die erfolgte Giroüberweisung haben die Empfangsberechtigten vierteljährlich nach Gutschrift des Betrages auf ihrem Konto der zahlenden Kasse Quittung einzureichen, welche mit der vorgeschriebenen Bescheinigung über Leben, eigenhändige Unterschrift usw. versehen sein muß. Von Beibringung dieser Bescheinigung kann von der Kasse in Gemäßheit des Erlasses der Königlichen Oberrechnungskammer vom 11. Juli 1900 (G 698) abgesehen werden, wenn dem zahlenden Beamten Leben des Quittungsausstellers und Eigenhändigkeit seiner Unterschrift bekannt sind, außerdem aber auch in dem Falle, wenn das Bankhaus die Verpflichtung übernimmt, der Staatskasse diesen Betrag wieder zuzuführen, falls der Bezugsberechtigte den Fälligkeitstag nicht erlebt hat. Unter den Jahresquittungen sind die Bescheinigungen in jedem Falle beizubringen.

7) Die Anträge auf Giroüberweisung sind nach dem beiliegenden Muster C zu stellen. Formulare werden bei den Kassen unentgeltlich verabfolgt.

III. Die unter II getroffenen Anordnungen werden auch auf die Witwen- und Waisengelder und die Witwen- und Waisenrenten, die Witwenpensionen (allgemeine Witwenverpflegungsanstalt in Berlin, Pensionskassen der neuen Landesteile und Pensionsaussterbefonds), die im voraus zahlbaren Unterstützungen und Erziehungsbeihilfen, mit der Maßgabe ausgedehnt, daß die Giroüberweisung der jetzigen Zahlungsweise entsprechend monatlich bezw. halbjährlich erfolgt.

IV. Die nach dem Runderlasse vom 30. Aug. 1900 (F. M. I. 9894. M. d. J. Ia 2538. M. f. L. I Ab 4827) eingeführte Zahlung der Pensionen und Hinterbliebenenbezüge im Postanweisungsverkehr ohne Einzelquittungen (Monats-, Vierteljahres- oder Halbjahresquittungen) wird fortan in jeder Höhe mit der Maßgabe gestattet, daß bei Beträgen, welche über die bisherige Höchstgrenze von 800 M. hinausgehen, mehrere Postanweisungen zu verwerten sind.

V. Kassen, für welche die monatliche Revision auf den letzten Werktag des Monats festgesetzt ist, sind durch frühzeitige Abhaltung des Revisionsgeschäfts zur rechtzeitigen Überweisung der Schecks in den Stand zu setzen.

Muster A.

Die .... ersuche ich, von den mir zustehenden vierteljährlichen Diensteinkünften vom 1. .... Js. ab bis auf weiteres M., in Worten:

de.... [1])

zur Gutschrift auf mein Konto im Girowege zu überweisen. Ich werde der Kasse vorschriftsmäßige Gehaltsquittung rechtzeitig zugehen lassen und verzichte auf eine Benachrichtigung der Kasse über die erfolgte Giroüberweisung.

...................................., den .... 19....

N. N.
(Vor- und Zunamen, sowie Angabe der Dienststellung).

Muster B
(auf farbigem Papier zu drucken).

Die .... ersuche ich, von den für mich am .... Js. fällig werdenden Diensteinkünften ausnahmsweise M., in Worten:

meinem Konto bei de.... [1]) ....

gutschreiben zu lassen.

...................................., den .... 19....

N. N.
(Vor- und Zunamen, sowie Angabe der Dienststellung).

---

1) Bezeichnung des Bankhauses und seiner etwaigen Zweiganstalt.

Muster C.

Die .... ersuche ich, die mir halbjährlich—vierteljährlich—monatlich— zustehenden Bezüge ....

vom 1. .... Js. ab bis auf weiteres .... M. de.... [1]) ....

zur Gutschrift auf mein Konto im Girowege zu überweisen. Ich verzichte auf eine Benachrichtigung der Kasse von der Giroüberweisung und verpflichte mich, nach Gutschrift des Betrages vorschriftsmäßige Quittung — im Januar Jahresquittung — einzusenden. Das [1]) .... hat die Verpflichtung übernommen, der Kasse den überwiesenen Betrag wieder zuzuführen, falls ich den Fälligkeitstag nicht erleben sollte.

...., den .... 19....

N. N.
(Vor- und Zuname, sowie Angabe der Dienststellung)
des Pensionärs, Wartegeldempfängers oder bei Hinterbliebenen des verstorbenen Ehemannes oder Vaters.

Vorbezeichnete Verpflichtung wird hierdurch von uns übernommen.

N. N.
(Unterschrift des Bankhauses.)

Zinsansprüche können ebenfalls nur auf an den Zahlungspflichtigen zu richtenden Antrag überwiesen werden.

Die Überweisung der Zinsen von einer Reichs- oder Staatsschuldbuchforderung erfolgt auf Antrag, den der Empfangsberechtigte an die Hauptverwaltung der Reichs- bezw. Staatsschulden in Berlin SW. 68, Oranienstraße 92/94, zu richten hat.

1) Bezeichnung des Bankhauses.

Wird dieser Antrag gelegentlich der Eintragung der Kapitalschuld gestellt, so genügt die einfache schriftliche Form. Ein später gestellter Antrag bedarf der öffentlichen Beglaubigung durch einen Richter oder Notar. An deren Stelle kann auch ein bezüglicher kostenfreier Antrag beim Reichs- bezw. Staatsschuldbuchbureau, bei der Königlichen Regierungs-Hauptkasse oder bei jeder Königlichen Kreiskasse gestellt werden [1]).

5—8 und 13. Die Auszahlung von Girokontoguthaben erfolgt „in der Regel" ohne Kündigung. Der Verzicht auf eine Kündigungsfrist wird durch § 7 des Scheckgesetzes bedingt, in welchem vorgeschrieben ist, daß der Scheck bei Sicht zahlbar ist. Für Zahlungen infolge Auftrages oder gegen Anweisung könnte zwar Kündigung beansprucht werden. Eine solche würde indessen dem Sinne der Geschäftseinrichtung direkt widerstreben. Die hierdurch bedingte Zahlungsbereitschaft zu jeder Zeit ist eine der schwierigsten Aufgaben, die der Scheckverkehr den Sparkassen auferlegt. Sie läßt sich am einfachsten dadurch lösen, daß bei der Reichsbank oder einem anderen größeren Bankinstitut Konto genommen wird, von dem jederzeit die benötigten Zahlungsmittel erhoben werden können. Einige Schwierigkeiten werden immerhin, namentlich bei jenen Kassen zu überwinden sein, an deren Wohnsitz sich ein geeignetes Bankinstitut nicht befindet. Deshalb ist unter Ziffer 13 der Girobestimmungen vorgesehen, daß ein Kontoinhaber, sofern er über mehr als 5000 M. an einem Tage verfügen will, dieses 3 Tage zuvor, bei Beträgen von mehr als 10000 M., 8 Tage vorher der Kasse anzumelden hat. Die hier angeführten Beträge und Fristen werden je nach den bei den einzelnen Sparkassen bestehenden örtlichen Verhältnissen eine Abänderung erfahren müssen. Jede unnötige Einschränkung sollte

1) § 15 des Staatsschuldbuchgesetzes vom 27. Mai 1910, und § 10 der amtlichen Nachrichten über das Preuß. Staatsschuldbuch, 10. Ausgabe. Die Bestimmungen über das Reichsschuldbuch sind im wesentlichen dieselben wie die für das Preuß. Staatsschuldbuch.

indessen, als dem Sinne der Einrichtung widersprechend, vermieden werden.

Die vorbehaltene Anmeldungsverpflichtung enthält eine zeitweilige Verfügungsbeschränkung bezüglich des nach § 3 des SchG. zur Einlösung von Schecks bereitgestellten Guthabens. Stellt der Kontoinhaber unter Nichtbeachtung der Vereinbarung Schecks aus, so kann er gewärtigen, daß wegen nicht „verfügbaren" Guthabens seitens der Kasse die Zahlung verweigert wird, und daß der Scheckinhaber Regreß[1]) an ihm nimmt. Derartige Zahlungsverweigerungen werden indessen tunlichst zu vermeiden sein, um das Publikum von dem ihm noch wenig geläufigen Scheckverkehr nicht abzuschrecken.

Barabhebungen erfolgen in der Regel nur gegen Inhaberschecks. Der Kontoinhaber kann selbst gegen einen solchen, auf eigene Ordre, oder Überbringer lautenden Scheck Geld erheben oder erheben lassen. Er kann auch den Scheck an Zahlungsstatt an einen Dritten begeben und auf dessen Ordre, oder Überbringer ausfertigen, diesem überlassend, das Papier weiterzugeben oder direkt bei der Kasse bar oder im Wege der Verrechnung zu realisieren.

Ausnahmsweise können Barabhebungen auch gegen Quittung, jedoch nur an den Kontoinhaber selbst, geschehen, da anderenfalls wegen der Berechtigung zur Erhebung durch Dritte Zweifel entstehen könnten, die im Interesse der Sparkasse besser vermieden werden.

Der Zahlungsauftrag[2]) ist eine andere sehr wichtige Form, in der über Guthaben verfügt werden kann. Zunächst, d. h. solange zur Verrechnung von Konto zu Konto wegen der anfänglich geringen Beteiligung wenig Gelegenheit vorhanden ist, bietet der Zahlungsauftrag das geeignetste Mittel, den neuen

---

1) §§ 15, 16 Sch.G.
2) §§ 662—676 BGB.; §§ 354 ff., und §§ 362 ff. HGB.

Verkehr volkstümlich zu machen und zum reinen Giroverkehr überzuleiten; denn vermittelst des Auftrages können vom Kontoinhaber Zahlungen auch an solche Personen angewiesen werden, die kein Konto besitzen, und das ist zunächst die große Mehrzahl. Sieht das Publikum erst ein, in welch bequemer Weise man durch Vermittelung der Sparkasse alle Zahlungen leisten kann, so wird sicher alsbald die Beteiligung wachsen, und je mehr das geschieht, um so mehr bietet sich Gelegenheit zur Verrechnung von Konto zu Konto. Es darf wohl bezweifelt werden, ob der Sparkassenscheckverkehr ohne Zuhilfenahme der geschilderten Auftragsform irgendwelche nennenswerte Ausdehnung annehmen würde, weil der reine Scheckverkehr dem Publikum zu wenig Vorteile bietet und ein nutzbringender Verrechnungsverkehr vorerst nicht zu erwarten ist.

Es kommen zwei Arten von Zahlungsaufträgen in Betracht, solche über eine einmalige Zahlung (5a und 7 der Girobestimmungen) und solche über wiederkehrende Leistungen (5d der Girobestimmungen).

Zur Erteilung von Aufträgen der ersteren Art dürfen nur Scheckformulare, in denen die Worte: „Gegen diesen Scheck" und „oder Überbringer" zu streichen sind, Verwendung finden.

Sind mehrere Zahlungsaufträge gleichzeitig zu erteilen, so kann dieses mittels eines Sammelschecks, dem ein Verzeichnis beizugeben ist, geschehen. In dem Scheckformular sind die vorhin erwähnten Worte, sowie ferner das Wort „an" zu streichen und an Stelle des Namens des Empfangsberechtigten zu setzen „laut beiliegendem Verzeichnis". Für letzteres ist folgendes Muster verwendbar:

Konto-Nr. ________________

Scheckheft-Nr. ....

Scheck-Nr. .... Die Kreissparkasse zu ....

leiste nachbezeichnete Zahlungen aus meinem Guthaben:

Betrag		Adresse	Bemerkungen
		zusammen.	

.............................., den ......ten .... 19.....

(Unterschrift.)

Für einmalige Zahlungen eignet sich die Verwendung von Scheckformularen deshalb besonders, weil diese den in Abschnitt 6 der Girobestimmungen vorgeschriebenen Verwendungsbestimmungen unterliegen, durch die eine mißbräuchliche Benutzung ausgeschlossen wird. Bei Anwendung mehr formloser Zahlungsaufträge würden Unzuträglichkeiten und damit verknüpfte Risiken leicht möglich sein.

Die Art der Erledigung des Zahlungsauftrages bleibt der Kasse überlassen. Sie kann die Zahlung in ihrem Geschäftszimmer oder durch Boten an den gehörig legitimierten Berechtigten gegen Quittung [1]) oder mittels Postanweisung, Postscheck oder Banküberweisung ausführen. Mit der Einzahlung oder Überweisung bei der Post oder der Bank wird sie des Auftrages wegen dem Kontoinhaber gegenüber befreit; sie ist also nicht verpflichtet,

1) §§ 368—370 BGB.

Nachforschungen darüber anzustellen, ob der Adressat tatsächlich in den Besitz des Geldes gelangt ist. Es ist das in bezug auf die Regreßpflicht von wesentlicher Bedeutung und erleichtert nebenher insofern den Geschäftsgang, als die Einforderung von Empfangsanerkenntnissen unnötig wird.

Für den Zahlungsauftrag über wiederkehrende Leistungen erübrigt sich die Ausstellung eines Sammelschecks; es genügt vielmehr die Übergabe des vorhin erwähnten Verzeichnisses in zweifacher Ausfertigung, wovon die eine mit dem Sparkassenstempel als Anerkenntnis versehen dem Kunden zurückzugeben ist. Damit soll etwaigen Fälschungsmöglichkeiten inbezug auf die Aufträge begegnet werden.

Die Überweisung auf ein anderes Konto (5b und 8 der Bestimmungen) erfolgt mittels Überweisungsauftrages, zu dem sich der Kunde eines Scheckformulars bedient. Das Formular ist zu kreuzen [1]), d. h. mit dem quer über den Text zu schreibenden Vermerk: „Nur zur Verrechnung" zu versehen. Geht der Auftrag vom Kontoinhaber direkt an die beauftragte Kasse, dann sind ferner im Vordruck die Worte: „Gegen diesen Scheck" und „oder Überbringer" zu streichen. Damit wird dem Papier der Charakter als Scheck genommen und infolgedessen ist es stempelfrei.

Ein im Umlauf befindlicher Scheck kann von jedem Inhaber gekreuzt werden, was zur Folge hat, daß der Wert stets nur einem Konto gutgeschrieben, nicht aber bar ausgezahlt werden darf, woran auch die Bestimmung im Text, daß er an den Überbringer zahlbar ist, nichts ändert.

Die Zahlbarmachung der Wechsel des Kontoinhabers erfolgt dadurch, daß diese auf die Sparkasse domiziliert, bei ihr also zahlbar gestellt werden [2]). Der Einlösung hat ein diesbezüglicher schriftlicher Auftrag vorauszugehen, der unter Benutzung des nachstehenden, doppelt auszufertigenden Formulars zu erfolgen hat.

---

1) § 14 SchG.
2) Art. 24, 99 WO.

Konto-Nr. ....

Die Kreissparkasse zu ....

löse nachbezeichnete Wechsel aus meinem Guthaben ein:

Betrag		Aussteller	Fälligkeitsdatum	Bemerkungen
		zusammen.		

.............................., den ......ten 19.....

(Unterschrift.)

Die zweite Ausfertigung erhält der Auftraggeber mit dem Sparkassenstempel unter der letzten Eintragung als Empfangsanerkenntnis versehen zurück. Selbstverständlich sind die Termine bei der Sparkasse sorgfältig vorzumerken.

Muß die Einlösung eines Wechsels wegen mangelnder Deckungsmittel verweigert werden, so wird hiervon dem Kunden brieflich Nachricht zu geben sein.

Es ist ferner darauf zu halten, daß die Einlösungsaufträge stets rechtzeitig, etwa 8 Tage vor der Fälligkeit, der Kasse zugehen, damit die bestätigte Doppelausfertigung noch vor der Einlösung in den Händen des Auftraggebers sich befindet. Damit soll Betrügereien, die mit gefälschten oder verfälschten Aufträgen und Wechseln getrieben werden könnten, begegnet werden.

Die Bestimmung über die Einlösung der Wechsel für die Kontoinhaber ist besonders geeignet, das Publikum daran zu gewöhnen, die für zukünftige Zahlungen erforderlichen Geldansammlungen nicht zu Hause vorzunehmen, sondern durch allmähliche Ablieferung bereiter Barmittel an die Kasse zu bewirken. Damit wird naturgemäß den Bestrebungen, das Geld in den Kassen zu konzentrieren, erheblich gedient. Von Bedeutung ist auch der geschäftliche Vorteil, der durch die Benutzung des billigen Girogeldes zu erzielen ist. Befindet sich z. B. der einzulösende, mit 5 Proz. etwa diskontierte Wechsel im Portefeuille der Sparkasse, so erwächst ihr, der angesammelten Deckung entsprechend, ein Gewinn, welcher der Spannung zwischen dem Guthaben- und Wechselzinsfuß entspricht. Dabei kommt eine Kapitalanlage nicht einmal in Betracht, weil der Betreffende Schuldner und Gläubiger zu gleicher Zeit ist und das für die Wechselforderung notwendige Kapital, zum Teil wenigstens, der Kasse selbst hingibt.

Dadurch, daß der Wechselverkehr der Kunden durch das Institut läuft, erlangen die Kassenbeamten auf diskrete Weise Einblick in die Geschäftsverhältnisse der Einzelnen, was für die Abwicklung von Kreditgeschäften von wesentlicher Bedeutung ist.

6.—8. Die Schecks, oder richtiger gesagt, die hierfür bestimmten Formulare müssen genau nach den unter Ziffer 6 angeführten Bestimmungen Verwendung finden, worauf seitens der Beamten hinzuwirken ist, damit Unzuträglichkeiten im Verkehr vermieden werden. Das wird anfangs einige Schwierigkeiten verursachen. Manche Mängel, so das Durchstreichen offen gelassener Stellen im Formular und die entsprechende Abtrennung oder Durchstreichung der Zahlenreihe an der rechten Kante des Schecks, können auch seitens der Beamten bewirkt werden.

9. Die Verzinsung der Guthaben wird eine mäßige sein müssen, damit aus deren geschäftlicher Verwendung ein Gewinn erwächst, der nicht nur die Kosten für die Arbeitsleistung deckt, sondern auch einen mäßigen Reinverdienst nebst Risikoprämie ergibt. Diese Vorbedingung schließt indessen nicht aus, daß bei der Einführung des Giroverkehrs die Zinsvergütung etwas hoch, etwa dem Einlagenzinsfuß gleich, bemessen wird, um zunächst Kundschaft zu erwerben. Zu Zeiten flüssigen Geldstandes

wird sich später eine Reduzierung des Zinssatzes unschwer bewerkstelligen lassen.

Damit das große Publikum über den jeweilig geltenden Zinsfuß stets unterrichtet ist, sollten die Sparkassen darauf von Zeit zu Zeit, besonders aber bei jeder Änderung, durch Zeitungsinserate hinweisen. Nebenher wirken derartige Kundgebungen als willkommene Gelegenheit für eine Reklame, die zudem in jeder Hinsicht einwandfrei ist.

Über den für die Einlagen gültigen allgemeinen Zinsfuß hinaus darf bei Bemessung des Giroguthabenzinssatzes nicht gegangen werden [1]).

10. Die Kosten des Betriebes sollen, wie vorhin erwähnt, ihre Deckung durch die geschäftliche Nutzung der Guthaben finden. Mithin wird das von den einzelnen Kunden gehaltene Guthaben in einem angemessenen Verhältnisse zu dem Umsatze auf dem Konto stehen müssen. Eine Norm hierfür läßt sich schwer aufstellen und noch weniger praktisch durchführen. Die Reichsbank schreibt jedem Kunden ein Mindestguthaben vor. Derartiges ist für die Sparkassen indessen nicht ratsam, weil es manchen davon abhalten würde, sich ein Konto eröffnen zu lassen.

In den hier erörterten Girobestimmungen ist vorgeschrieben, daß die Sparkasse sich die Berechnung einer Entschädigung für gelieferte Formulare vorbehält, falls das Guthaben zu gering gehalten wird.

Glaubt man, daß diese Bestimmung nicht weitgehend genug ist, um eine Schadloshaltung zu gewährleisten, dann kann man sie dahin erweitern, daß für die Einlösung von Schecks, sowie für die Ausführung von Zahlungs- und Überweisungsaufträgen Gebühren zu zahlen sind [2]). Eine derartige Maßnahme würde jedoch auf die Ausbreitung des Giroverkehrs hemmend einwirken.

---

1) Min.Erl. v. 20. April 1909, Teil II, Satz 5.
2) § 354 HGB.

Werden direkt auch keine Kosten für die Arbeitsleistung selbst erhoben, so ist das hinsichtlich der baren Auslagen [1]), wie Portokosten und der Kosten für Bank- sowie Postscheküberweisungen etwas anderes. Diese lassen sich aus der erwähnten Nutzung der Giroguthaben nicht erwirtschaften, es sei denn, daß ein ganz geringer oder gar kein Zins gewährt würde, was indessen der Einführung des neuen Verkehrs hinderlich sein müßte.

Die Kostenauslagen in jedem Falle genau zu berechnen, würde zu schwierig, hinsichtlich der Überweisung über Reichsbankgirokonto (Zinsverlust bei diesem Konto) sogar unmöglich sein und den Geschäftsgang zu sehr belasten. Deshalb empfiehlt es sich, wegen der gewöhnlichen Auslagen, namentlich für Postscheck- und Reichsbankgiroüberweisungen, feste Sätze für jede Einzahlung und jede Rückzahlung zu erheben, und zwar: etwa

10 Pf. für Beträge bis einschließlich 100 M.,

20 Pf. „ „ 101 M. bis einschließlich 1000 M.,

und für jede angefangenen 1000 M. weitere 20 Pf.

Dem Auslagenbetrag ist dann noch der Betrag für das auf die Benachrichtigungen verwandte Porto zuzuschlagen.

Mit den angeführten Sätzen dürfte selbst dann noch auszukommen sein, wenn die Zuschlaggebühr von 7 Pf. für Postscheküberweisungen der Sparkasse gegenüber in Anwendung kommt, denn die Auslagenberechnung gelangt sowohl bei der Einzahlung wie auch bei der Auszahlung in Anwendung.

Von Einzahlungen auf das Reichsbankgirokonto können Auslageerstattungen nicht verlangt werden, weil jeder, der nicht ebenfalls ein solches Konto besitzt, für 1000 M. an Überweisungsspesen 30 Pf. der Bank zu zahlen hat. Ähnlich ist die Sachlage bezüglich der Scheküberweisungen auf das Postscheckkonto der Sparkasse von jemanden, der ein solches Konto ebenfalls hat; denn in diesem Falle wird letzterem vom Scheckamt direkt die Gebühr in Anrechnung gebracht.

---

1) § 670 BGB.

Zu erwägen wird schließlich noch sein, ob für Auftragszahlungen, die über Reichsbankgirokonto geleistet werden, der Auslagensatz nach oben hin zu begrenzen sein wird, derart etwa, daß über 2 M. im Einzelfalle nicht berechnet werden. Damit würde den öffentlichen Kassen, die selbst kein Reichsbankgirokonto besitzen, besonders gedient sein.

11. Vorschüsse sind Kredite, die den Kontoinhabern nach Vorschrift der Sparkassensatzung gewährt werden. In Betracht kommen hierfür sämtliche Arten der den Sparkassen bisher schon gestatteten Kreditgeschäfte, und zwar:

„Hypothekenkredit" in Form einer Sicherungshypothek oder der Verpfändung von Hypotheken- und Grundschuldforderungen.

„Bürgschaftskredit" in der Weise, daß geeignete Personen für den eingeräumten Kredit selbstschuldnerische Bürgschaft übernehmen.

„Lombard- oder Faustpfandkredit", indem für die direkte Beleihung zugelassene Forderungen, wie Sparguthaben, Hypotheken, Wechsel oder Inhaberpapiere beliehen werden.

„Kredit an Kreise, Gemeinden u. dgl." in laufender Rechnung.

Wird derart Kredit seitens der Kasse gewährt, so hat sie die von dem Schuldner in den Girobestimmungen vorgeschriebene Erklärung in besonderer Ausfertigung entgegenzunehmen, auf deren Rückseite die übergebenen Wertpapiere aufzuführen sind. Eine Abschrift davon erhält der Verpfänder mit dem Sparkassenstempel unter den Pfandobjektsposten versehen, als Anerkenntnis über die Hinterlegung zurück.

Die erwähnte Erklärung ist auch dann zu erfordern, wenn keinerlei Wertobjekte verpfändet werden, weil jederzeit ein Pfandobjekt, sei es als Spareinlage, Eigentümergrundschuld von teilweise getilgten Sparkassenhypotheken oder dgl., entstehen kann[1]).

---

1) §§ 1209, 1273 BGB.

Besteht die Sicherheit in einer persönlichen Bürgschaft, so hat der Bürge auf besagtem Schriftstück die folgende Erklärung abzugeben:

„Für den dem N. N. gewährten Kredit in Höhe von .... M. übernehme ich der Kreissparkasse zu .... gegenüber die selbstschuldnerische Bürgschaft.

Ort, Datum, Unterschrift."

Kreise, Gemeinden u. dgl. haben in der Regel einen von der Aufsichtsinstanz bestätigten Anleihebeschluß beizubringen.

12. Die Schweigepflicht für die Beamten ist zwar selbstverständlich, aber dennoch in die Bestimmungen aufgenommen, um sie dem Publikum, das doch besonderen Wert darauf legt, recht sinnfällig zu machen.

13. Die Anmeldefristen sind bereits bei Ziffer 5 erläutert.

14. Der Versendungsart von Geld und Wertpapieren mußte deshalb in den Bestimmungen Erwähnung getan werden, um etwaigen Einwänden der Auftraggeber, die möglicherweise statt voller Wertdeklaration die Versendung unter „eingeschrieben" als selbstverständlich voraussetzen, zu begegnen.

Um Kosten zu ersparen, könnte die Kasse sich auch das Recht vorbehalten, die Versicherung des Versandobjekts zum vollen Betrage bei einer Transportversicherungsgesellschaft vornehmen zu dürfen.

15. Die Steuerstrafen würden für die Sparkasse ein zu weitgehendes Risiko bedeuten, wollte sie sich nicht in der Weise, wie es in den Bestimmungen geschehen, schützen. Für den einzelnen ist die Beachtung der für die Versteuerung vorgeschriebenen Fristen nicht schwierig, für die Kasse jedoch schwer durchführbar, namentlich in bezug auf die Nachversteuerung lange Zeit laufender Wechsel. Daß trotzdem der richtigen Versteuerung der Urkunden besondere Sorgfalt zugewandt wird, ist schon deshalb notwendig, um die Unzuträglichkeiten zu vermeiden, die mit der Einforderung von Nachsteuern und Strafen verknüpft sind.

16. Die Aufbewahrung der hinterlegten Wertpapiere[1]) wird nicht immer bei den Sparkassen selbst erfolgen können, weil hierfür leider in vielen Fällen genügend sichere Räume nicht zur Verfügung stehen werden. Hierzu ist die Genehmigung des Hinterlegers erforderlich[2]), die durch Annahme der Girobestimmungen seitens des letzteren als erteilt zu betrachten ist.

Soll die Weiterverpfändung hinterlegter Wertpapiere der Sparkasse vorbehalten werden, so muß der Verpfänder hierzu seine Zustimmung noch besonders erteilen[3]). Bei der Weitergabe der Papiere ist der betreffenden Bank mitzuteilen, daß jene fremdes Eigentum sind. Das ist auch erforderlich, wenn die Papiere nicht weiterverpfändet, sondern nur zur Verwahrung weiter gegeben werden[4]).

Auslosung und Aufgebot hinterlegter Inhaberpapiere zu kontrollieren, wird mancher Sparkasse als zu weitgehende Verpflichtung erscheinen. Deshalb befindet sich in den Bestimmungen, um nicht falsche Vorstellungen beim Publikum aufkommen zu lassen, ein ausdrücklicher Hinweis auf die diesbezügliche Nichtverpflichtung.

17. Die Verjährungsfrist für Ansprüche aus einem Geldüberweisungsauftrag beträgt 2 Jahre vom Datum des Auftrages an gerechnet. Den allgemeinen gesetzlichen Bestimmungen[5]) entsprechend würde die Frist erst mit dem Schlusse des Kalenderjahres, in dem der Auftrag erteilt ist, beginnen[6]). Somit könnte die Frist sich bis nahezu auf 3 Jahre verlängern, was für den Betrieb indessen unerwünscht wäre.

Das Recht, innerhalb der Verjährungsfrist Regreß an der

---

1) §§ 1215, 690 BGB.

2) § 691 BGB.

3) § 700 BGB., § 2 d. Ges. betr. die Pflichten der Kaufleute bei Aufbewahrung fremder Wertpapiere v. 5. Juli 1896, RGBl. S. 183.

4) § 8 des vorhin erwähnten Ges.

5) § 196 Abs. 1 BGB.

6) §§ 201, 225 BGB.

Sparkasse zu nehmen, erfährt durch die Bestimmung 3 eine gewisse Einschränkung, indem es nur dann geltend gemacht werden kann, wenn gegen die betreffende Mitteilung von der Lastschrift fristgemäß Einspruch erhoben worden ist. Nach dieser Richtung hin dürfte die zweijährige Verjährungsfrist mithin wenig von Bedeutung sein, weil die erwähnte kürzere Einspruchsfrist einen bedeutend weitergehenden Schutz für die Sparkasse darstellt.

Praktisch ist die Festsetzung der Verjährungsfrist indessen insofern von Bedeutung, als nach deren Ablauf die Auftragspapiere vernichtet werden können.

18. Der Gerichtsstand eines Kunden ist bei demjenigen Gericht, in dessen Bezirk er wohnt [1]). Für die Sparkasse ist es indessen unerwünscht, außerhalb ihres Wohnorts Klage erheben zu müssen. Deshalb ist es zweckmäßig, den Sitz des Instituts, als für sämtliche aus dem Vertragsverhältnisse sich ergebenden Prozesse zuständig, zu vereinbaren [2]).

19. Der Tod oder Eintritt von Geschäftsunfähigkeit des Ausstellers können nach den allgemeinen gesetzlichen Bestimmungen [3]) die Einlösungsfähigkeit des Schecks nicht behindern.

Ebensowenig übt hierauf die Eröffnung des Konkurses über das Vermögen des Scheckausstellers einen Einfluß aus, solange die Sparkasse von dem Verfahren keine Kenntnis hat [4]).

Die diesbezüglichen Ausführungen können in den Girobestimmungen fortgelassen werden, weil sie lediglich eine Wiederholung gesetzlicher Bestimmungen darstellen, die für das Verständnis des Ganzen nicht notwendig sind.

20. Die Feststellung der Rechtsnachfolge nach dem Ableben eines Kontoinhabers kann zuweilen mit erheblichen Schwierigkeiten verbunden sein. Deshalb ist in den Bestimmungen der Kasse das Recht vorbehalten, von den Erben in jedem Falle

1) §§ 12, 13 Zivil-Proz.-Ord.
2) § 38 Zivil-Proz.-Ord.
3) §§ 672, 791 BGB.
4) § 24 SchG., §§ 34 u. 30 KO.

die Beschaffung eines Erbscheines[1]) verlangen zu dürfen. Sie darf sich aber auch mit der Vorlegung einer gerichtlich oder notariell aufgenommenen, mit einem amtlichen Eröffnungsvermerk versehenen letztwilligen Verfügung begnügen und ist dann von der Pflicht zu weiterer Legitimationsprüfung entbunden. Sind die letztwilligen Verfügungen nicht zweifelsfrei, so ist es ratsam, stets die Beschaffung eines Erbscheins zu verlangen. Ein solcher muß stets erfordert werden, wenn es sich um ein selbstgeschriebenes[2]) oder ein Nottestament handelt[3]), weil in solchen Fällen die Prüfung der Rechtsgültigkeit zu schwierig sein würde.

21. Die Abänderung der Girobestimmungen, worunter nicht die der Sparkasse selbständig vorbehaltene Abänderung des Zinsfußes zu verstehen ist, darf nur mit Genehmigung des zuständigen Regierungspräsidenten erfolgen.

Für bereits bestehende Konteninhaber tritt die Abänderung erst eine Woche nach der erfolgten öffentlichen Bekanntmachung in Kraft.

Der Scheck.

Allgemeines.

Der Scheck hatte sich in Deutschland längst das Heimatrecht erobert, als das Scheckgesetz vom 11. März 1908 erlassen wurde. Vor diesem Zeitpunkte galt er gesetzlich als Zahlungsanweisung[4]). An diesem seinen Charakter hat auch das erwähnte Gesetz nichts geändert.

Für den Scheck sowohl wie für die Anweisung gilt die in § 783 BGB. gegebene Begriffsbestimmung, daß sie Urkunden

1) §§ 2353—2370 BGB.
2) § 2231 Abs. 2 BGB.
3) §§ 2249—2251 BGB.
4) §§ 783—792 BGB., §§ 363—365 HGB

sind, in der der Aussteller (Kontoinhaber) einen anderen (Sparkasse) anweist, eine bestimmte Geldsumme aus seinem Guthaben an einen Dritten (Empfangsberechtigten) zu zahlen. Daraus ergibt sich eine gewisse Wesensverwandtschaft mit dem Wechsel, die auch dadurch in Erscheinung tritt, daß sich das Scheckgesetz zahlreiche Bestimmungen des Wechselrechts zu eigen macht.

Die wesentlichen und unwesentlichen Erfordernisse des Schecks.

Für jeden Scheck, gleichgültig welcher der im nächsten Abschnitt beschriebenen Art er angehört, gelten bezüglich der wesentlichen Erfordernisse die folgenden in § 1 des SchG. gegebenen Vorschriften:

Der Scheck muß enthalten:

1. die in den Text aufzunehmende Bezeichnung als Scheck oder, wenn der Scheck in einer fremden Sprache ausgestellt ist, einen jener Bezeichnung entsprechenden Ausdruck in der fremden Sprache;

2. die an den Bezogenen gerichtete Anweisung des Ausstellers, aus seinem Guthaben eine bestimmte Geldsumme zu zahlen;

3. die Unterschrift des Ausstellers;

4. die Angabe des Ortes und des Tages der Ausstellung.

Eine Urkunde, der eines dieser 4 Erfordernisse fehlt, ist zwar kein Scheck, sie kann aber als Zahlungsauftrag, Überweisungsauftrag oder als Zahlungsanweisung Geltung haben, was für die Sparkasse von wesentlicher Bedeutung ist.

Den unter 1, 2 und 4 bezeichneten Erfordernissen wird durch den üblichen Vordruck in den Scheckformularen gewöhnlich entsprochen.

Bezüglich der unter 3 erforderten Unterschrift des Ausstellers ist zu beachten, daß sie auf der Textseite am Ende der Urkunde handschriftlich [1]) abgegeben wird. Die Beidrückung eines Firmen- oder Amtssiegels ist nicht nur gestattet, sondern, der besseren Leserlichkeit halber, sogar erwünscht. Handelt es sich um juristische Personen, so kann deren Bezeichnung mittels Stempelabdrucks erfolgen, worunter der Namenszug des Vertretungsberechtigten handschriftlich zu setzen ist [2]).

Als unwesentliche Erfordernisse des Schecks kommen in Betracht:

1. der im Scheckheft zurückbleibende Abschnitt, auch Talon oder Juxte genannt, die Schecknummer, sowie Raum für den Namen des Scheckempfängers, den Geldbetrag und das Datum enthaltend;

2. auf dem eigentlichen Scheckformular die Bezeichnung von Konto-, Scheckheft- und Schecknummer;

3. oben rechts die Wiederholung des im Texte mit Buchstaben ausgeschriebenen Geldbetrages in Ziffern;

4. die namentliche Bezeichnung des Empfangsberechtigten (Remittenten, Ordre), gegebenenfalls mit dem Zusatz „oder Überbringer";

5. die zur Verhütung von Fälschungen am rechten Rande des Schecks angebrachte Zahlenreihe;

6. am unteren Rande des Schecks folgende Bemerkung: „Zur Barzahlung bestimmte Schecks, in denen der Zusatz „oder Überbringer" durchstrichen oder eine Zahlungsfrist angegeben ist, werden nicht eingelöst";

7. unter letzterer Bemerkung findet man zuweilen noch die Angabe der Kassenstunden, etwa wie folgt: Kassenstunden 9—1 und $3^1/_2$—5 Uhr, Sonnabends 9—1.

---

1) § 126 BGB.
2) §§ 126, 164 BGB.

Arten des Schecks.

Man unterscheidet drei Arten [1]):

1. den Inhaberscheck mit den Abarten:
   a) ohne Bezeichnung eines Zahlungsempfängers,
   b) mit reiner Inhaberklausel,
   c) mit alternativer Inhaberklausel;
2. den Ordrescheck und
3. den Rektascheck [2]),

Der Inhaberscheck ohne Bezeichnung des Zahlungsempfängers war bisher in Deutschland wenig üblich. Neuerdings ist er durch das Postscheckamt in Aufnahme gekommen, und zwar für Schecks, die an der Kasse des Postscheckamtes bezahlt werden sollen.

Der Text eines solchen Schecks lautet:

„Das Kaiserliche Postscheckamt in zahle gegen diesen Scheck aus $\frac{\text{meinem}}{\text{unserm}}$ Guthaben den Betrag von

M. .... Pfg.

Ort, Datum, Unterschrift.

Ein Scheck mit reiner Inhaberklausel lautet:

„Die Kreissparkasse in zahle gegen diesen Scheck aus $\frac{\text{meinem}}{\text{unserm}}$ Guthaben den Betrag von .... M. ...... Pfg. an den Inhaber dieses Schecks.

Ort, Datum, Unterschrift.

In Charakter und Wirkung sind beide Arten gleich, insofern sie gewisse Eigenschaften des Inhaberpapieres besitzen.

Der Scheck mit alternativer Inhaberklausel hat, in vollständigem Text dargestellt, folgende Fassung:

---

1) §§ 4, 8 Abs. 1 SchG.
2) § 8 SchG.

Nr. ....

Betrag

M. ....

an

....

....

Datum

....

Konto-Nr. ....

M. ....

Heft .... Sch.-Nr. ....

Die Kreissparkasse zu ....

zahle gegen diesen Scheck aus meinem/unserem Guthaben

an ....

.... oder Überbringer

Mark ....

(Ort) ...., (Firmastempel)

den ....ten .... 19.....

Barzahlungsschecks, in welchem der Zusatz „oder Überbringer" durchstrichen oder eine Zahlungsfrist angegeben ist, werden nicht bezahlt.

5000 4500 4000 3500 3000 2500 2000 1500 1000 900 800 700 600 500 400 300 200 100 50

Diese Form ist die in Deutschland am meisten gebräuchlichste und sie kommt für den Sparkassenscheckverkehr vorzugsweise in Betracht.

Der Ordrescheck ist ein auf einen bestimmten Zahlungsempfänger ausgestelltes Papier, dem, entgegen dem Inhaberscheck, die Eigenschaft eines Inhaberpapiers fehlt. Die Einlösungsstelle ist mithin verpflichtet, nur an den bezeichneten Remittenten oder dessen Rechtsnachfolger (Indossatar) zu zahlen, deren Legitimation zu prüfen ist. Auch ist die Identität des Scheckinhabers mit dem aus der Urkunde sich ergebenden Eigentümer festzustellen. Diese Anforderungen machen den Ordrescheck für den Sparkassenscheckverkehr ungeeignet, weil, wenn letzterer sich einigermaßen lebhaft entwickeln sollte, die erforderlichen Sicherungsmaßnahmen kaum durchführbar sein dürften.

Bezeichnet sich der Aussteller selbst als Zahlungsempfänger, so liegt ein Scheck an eigene Ordre vor. Auch Schecks mit alternativer Inhaberklausel können derart ausgestellt werden.

Der Rektascheck enthält im Text mit den Worten „nicht an Ordre", „nicht an dessen Ordre" „ohne Abtretung", „ohne Weiterbegebung" u. dgl. das Verbot, ihn weiter zu begeben. Auch diese

Form kommt für die Sparkasse nicht in Betracht, weil sie auf den für ihren Verkehr am besten geeigneten Inhaberscheck keine Anwendung findet.

Der gekreuzte Scheck[1]) ist als eine besondere Scheckart nicht anzusehen, denn jede der vorerwähnten Arten kann von jedem Eigentümer mittels des quer über die Vorderseite zu setzenden Vermerks: „Zur Verrechnung" von der Barbezahlung ausgeschlossen werden. In solchem Falle darf der Betrag nur auf ein anderes, bei der Kasse selbst oder bei einem anderen Institut geführtes oder neu zu eröffnendes Konto gutgeschrieben werden. Voraussetzung ist jedoch, daß die beteiligten Institute über eine Abrechnungsstelle[2]) miteinander verkehren.

Überweisungsaufträge werden durch letztgenannte Vorschrift nicht beeinflußt.

Die Gesetzesvorschrift ist mit äußerster Formstrenge zu behandeln.

Der Zweck der Vorschrift ist, die Gefahr, daß der Scheck von einem Unbefugten eingezogen werden kann, erheblich zu verringern.

Das Scheckheft.

Die Schecks werden dem Publikum in Heften, die gewöhnlich 50 Stück enthalten, gegen Empfangsanerkenntnis ausgehändigt.

Für die Numerierung der Schecks gibt es verschiedene Methoden. Die Reichsbank und die meisten Privatbanken numerieren durchlaufend, indem sie, mit eins anfangend, die einzelnen Schecks fortlaufend ohne besondere Einteilung nach Heften mit

---

1) § 14 SchG.

2) § 12 SchG. **Abrechnungsstellen im Sinne des Scheckgesetzes sind: die Abrechnungsstellen bei der Reichsbank in Berlin, Braunschweig, Bremen, Breslau, Chemnitz, Cöln a. Rh., Dortmund, Dresden, Elberfeld, Frankfurt a. M., Hamburg, Hannover, Karlsruhe, Leipzig, Mannheim, München, Nürnberg und Stuttgart; die Bank des Berliner Kassenvereins zu Berlin und die Preußische Zentral-Genossenschafts-Kasse zu Berlin.**

Nummern versehen. Als Mangel wird bei dieser Methode das Fehlen der Kontonummer empfunden. Ferner erschweren die mit der Zeit recht vielstellig werdenden Schecknummern die Bearbeitung.

Zweckmäßiger erscheint die bei den Postscheckämtern eingeführte Art, die darin besteht, daß jeder Scheck neben der fortlaufenden Nummer noch diejenige des Kontos trägt, wodurch das Aufsuchen des letzteren bei der Abfertigung, sowie das Ordnen der eingelösten Schecks wesentlich erleichtert wird. Werden weitere Hefte ausgegeben, so beginnen die Schecknummern immer wieder mit Nummer 1 und jedes Heft an sich erhält eine fortlaufende Nummer, die auch jedem einzelnen Scheck aufgedruckt ist, z. B.

Konto-Nr. 27
Heft-Nr. 3
Scheck-Nr. 46

Diese Bezeichnungsart ist für die Sparkasse bezüglich der Herstellung etwas umständlich, weil die zuerst genannten zwei Nummern vor Ausgabe jedes Heftes den einzelnen Schecks noch besonders aufgedruckt werden müssen. Da indessen diese Arbeit mit einem Numerierapparat leicht zu bewerkstelligen ist, kommt sie den geschilderten Vorteilen gegenüber nicht sonderlich in Betracht.

Als drittletztes Blatt ist jedem Scheckhefte ein Formular zur Empfangsbestätigung über die Aushändigung des nächsten Scheckheftes einzufügen, folgendermaßen lautend:

Empfangsbescheinigung.

Konto-Nr. ....

Das Scheckheft Nr. ...., enthaltend 50 Stück fortlaufend numerierte Formulare, habe ich von der Kreissparkasse zu .... unter den auf dem Umschlag des Heftes abgedruckten Bedingungen empfangen.

................................., den .....ten .... 19......

(Firmastempel) ....

Die vordere Umschlagseite des Scheckheftes ist mit der Nummer des Kontos und des Heftes zu bezeichnen, infolgedessen diese Angaben für die in letzterem zurückbleibenden Scheckabschnitte entbehrlich werden. Ferner erhält die erwähnte Seite folgenden Aufdruck:

Kreissparkasse ....

1) Das Scheckheft mit sämtlichen Scheckformularen muß sorgfältig aufbewahrt und jeder Verlust des Heftes oder eines Formulars der Sparkasse rechtzeitig schriftlich angezeigt werden, um die Zahlung an einen Unberechtigten zu verhindern. Unbrauchbar gewordene Formulare sind der Sparkasse zurückzugeben.

2) Von der Zahlenreihe (rechts) sind diejenigen Zahlen vor der Ausgabe des Schecks abzutrennen, welche dessen Betrag übersteigen.

3) Zum Zwecke der Erhebung eines neuen Scheckheftes befindet sich eine, ebenfalls sorgfältig aufzubewahrende Empfangsbescheinigung vor dem drittletzten Scheckformular dieses Heftes. Die Aushändigung eines neuen Scheckheftes findet nur gegen diese von dem Kontoinhaber oder dessen Vertreter vollzogene Empfangsbescheinigung statt. Zur Prüfung der Echtheit und Gültigkeit der Unterschriften ist die Sparkasse zwar berechtigt, aber nicht verpflichtet.

4) Die Scheckformulare können auch zur Erteilung von Zahlungs- oder Überweisungsaufträgen benutzt werden, indem die Worte „gegen diesen Scheck" und „oder Überbringer" gestrichen werden. Derartige Aufträge sind der Kasse vom Auftraggeber direkt zu übersenden. Soll die Übertragung eines Betrages auf ein anderes Konto erfolgen, so ist das Formular mit dem quer über den Text zu setzenden Vermerk: „Zur Verrechnung" zu versehen.

5) Schecks sind stempelpflichtig, Zahlungs- und Überweisungsaufträge nicht.

6) Die Beidrückung des Firmastempels auf den Formularen über oder neben der Unterschrift ist erwünscht.

7) Alle Folgen und Nachteile des Zuwiderhandelns gegen diese und die in den Girobestimmungen enthaltenen Vorschriften, insonderheit auch die durch mißbräuchliche Verwendung von Scheckformularen verursachten Schäden, trägt der Kontoinhaber.

Auf den folgenden 3 Umschlagseiten des Heftes sind ausgefüllte Muster für einen Scheck, einen Zahlungsauftrag und einen Überweisungsauftrag abzudrucken.

Der Scheckschlüssel.

Der Scheckschlüssel ist eine zur Sicherheit des Publikums getroffene Einrichtung, die ähnlich wirkt, wie eine zum Sparbuch erteilte Kontrollmarke.

Ist zu einem Scheckhefte ein Schlüssel ausgegeben, so dürfen die Scheckformulare, auch wenn sie als Zahlungs- oder Überweisungsauftrag ausgefertigt sind, nur dann von der Kasse zur Ausführung angenommen werden, wenn sie neben der Schecknummer mit der Schlüsselnummer versehen sind. Letztere muß mit derjenigen des bei der Kasse zurückbehaltenen zweiten Schlüsselexemplars übereinstimmen.

Jeder auszugebende Schlüssel muß in den Feldern eine andere Zahlenfolge haben.

Ein Scheckschlüssel hat folgende Form:

Scheckschlüssel.

Die folgenden 50 Zahlen:

ersuchen wir als Kontrollzeichen in der vorstehenden Reihenfolge für die Scheckformulare zu verwenden (also die erste Zahl für den ersten Scheck des Heftes, die zweite Zahl für den zweiten usw.), und zwar derartig, daß auf jedem Scheckformular neben der Schecknummer durch die Hand des Unterschreibenden die entsprechende Zahl verzeichnet wird, jedoch erst bei Vollziehung der Unterschrift. Wird ein Scheck unbenutzbar, so fällt die bezügliche Zahl aus.

Dieser Schlüssel ist getrennt vom Scheckheft sicher aufzubewahren und darf nur zur Kenntnis derjenigen gelangen, deren Unterschrift bei der Kasse niedergelegt ist.

Schecks ohne Kontrollzahl werden nicht bezahlt.

Kreissparkasse

Guthabenbegriff. Zahlungszeit. Übertragbarkeit. Regreß. Gefälschte Schecks. Aufgebotsverfahren. Scheckprozeß. Steuerpflicht.

Guthaben im Sinne des Schecktextes [1]) ist derjenige Betrag, über den der Aussteller aus einer Forderung, die er gegen die Sparkasse hat, oder aus einem von ihr gegebenen Darlehnsversprechen nach Maßgabe der Giro- und Scheckbestimmungen verfügen darf. Wesentlich hierbei sind die in Ziffer 13 der letzteren enthaltenen einschränkenden Vorschriften wegen der Höhe des täglich verfügbaren Betrages.

Die Zahlungszeit für den Scheck ist der Zeitpunkt der Präsentation bei der bezogenen Sparkasse. Ein ferner liegender Fälligkeitstermin darf nicht im Schecktexte Aufnahme finden, weil dadurch die Urkunde nichtig wird [2]).

Inlandschecks sind binnen 10 Tagen nach der Ausstellung

1) § 3 SchG.
2) § 7 SchG.

dem Bezogenen [1]) oder einer anerkannten Abrechnungsstelle [2]), bei welcher jener vertreten ist, zur Einlösung vorzulegen.

Fällt der letzte Tag der Frist auf einen Sonntag oder einen am Zahlungsorte staatlich anerkannten Feiertag, so tritt an deren Stelle der nächstfolgende Werktag.

Vor Ablauf der Vorlegungsfrist kann der Aussteller den Scheck wirksam nicht widerrufen, jedoch darf, falls letzteres nicht geschehen ist, der Bezogene den Scheck auch später noch auszahlen [3]).

Bezahlte Schecks sind der Kasse, auf Verlangen mit Quittung versehen, auszuhändigen [3]).

Die Übertragung des Eigentums an dem Scheck und der durch ihn versprochenen Leistung erfolgt, wie beim Wechsel, durch das Indossament oder Giro [4]), einer gewöhnlich auf die Rückseite des Papiers gesetzten Abtretungserklärung folgenden Wortlauts: „Für mich an die Ordre des N. N. Ort, Datum, Unterschrift." Es genügt aber auch die Unterschrift allein [5]).

Sind mehrere Ausfertigungen von einem Scheck vorhanden, was indessen nur für Auslandschecks zulässig ist [6]), so darf das Indossament nicht auf eine Abschrift [7]) gesetzt werden.

Ein Indossament an den Bezogenen gilt als Quittung.

Der Regreß [8]), das Recht, von einem anderen aus der Urkunde Verpflichteten Sicherheitsstellung oder Schadenersatz zu fordern, ist für den Scheck nach den Vorschriften im Wechselrecht geregelt. Um das Recht geltend zu machen, ist der Nachweis zu führen, daß der Scheck rechtzeitig zur Zahlung vorgelegt, aber

---

1) § 11 SchG.
2) § 12 SchG.
3) § 13 SchG.
4) § 8 SchG.
5) § 12 WO.
6) § 9 SchG.
7) § 8 SchG.
8) § 16 SchG.

nicht eingelöst, oder daß die Vorlegung vergeblich versucht worden ist. Dieser Sachverhalt kann beurkundet werden:

1. durch eine auf den Scheck gesetzte, von dem Bezogenen unterschriebene und den Tag der Vorlegung enthaltende Erklärung;
2. durch eine Bescheinigung der Abrechnungsstelle, daß der Scheck vor dem Ablaufe der Vorlegungsfrist eingeliefert und nicht eingelöst worden ist;
3. durch einen Protest.

Die unter 1. bezeichnete Erklärung darf von der Kasse nur auf Verlangen des Vorzeigers abgegeben werden. Es ist auch nicht ratsam, daß auf deren Abgabe seitens der Kasse gedrungen wird, weil der Eingang etwa fehlender Deckungsmittel durch irgendeinen Zufall verzögert sein kann. Ferner darf auch nicht ohne weiteres angenommen werden, daß bei einer Überziehung des Guthabens stets eine strafbare Absicht vorgewaltet hat. Fehlen einmal Deckungsmittel, so ist es zweckmäßig, den Kunden schleunigst zu verständigen, wodurch in den meisten Fällen allen Beteiligten am besten gedient sein wird. Läßt es jemand indessen absichtlich auf derartige Erinnerungsschreiben ankommen, so ist ihm die Kündigung des Kontos anzudrohen und diese nötigenfalls durchzuführen.

Die Mitteilung von der unterbliebenen Einlösung des Schecks muß an den Vormann innerhalb von zwei Tagen nach dem Datum der vorhin erwähnten Erklärung oder der Protesturkunde erfolgen [1]). Jeder benachrichtigte Vormann hat in gleicher Frist die Meldung weiter zu geben.

Der Inhaber des Schecks kann sich mit seiner Regreßforderung an jeden Vormann halten, ohne genötigt zu sein, die aus dem Papier sich ergebende Reihenfolge einzuhalten [2]). Er kann auch mehrere oder alle ihm Verpflichtete gleichzeitig in Anspruch nehmen.

1) § 17 SchG.
2) § 18 SchG.

Befriedigt ein aus einem Scheck Verpflichteter den Regreßnehmer, so kann er von diesem die Übergabe des in § 16 SchG. vorgeschriebenen Nachweises über die Nichteinlösung des Schecks, sowie diesen selbst und eine quittierte Rechnung verlangen [1]).

Die Regreßansprüche gegen den Aussteller eines in Europa zahlbaren Schecks verjähren [2]) in 3 Monaten, anderenfalls in 6 Monaten nach Ablauf der Vorlegungsfrist. Gegen den Indossanten rechnet die Frist vom Tage der freiwilligen Zahlung durch ihn, und, falls solche nicht erfolgt ist, vom Datum der Klageerhebung.

Der Aussteller ist auch nach erfolgter Verjährung ersatzpflichtig, insoweit er sich auf Kosten des Scheckinhabers bereichern würde [3]).

Gefälschte sowie verfälschte Schecks sind auch denjenigen gegenüber wirksam, deren Unterschriften darauf echt sind [4]). Für die Sparkasse kommt namentlich in Betracht, daß, wenn einem Scheckinhaber die Fälschung des Schecks bekannt war, er zur Zurückgabe des erhobenen Betrages verpflichtet ist [5]). Besser noch ist's, die Kasse kommt nicht in die Lage, sich mit derartigen Fragen befassen zu müssen, was bei Befolgung der gegebenen Sicherheitsvorschriften kaum zu befürchten ist. Werden letztere von dem Kontoinhaber nicht oder ungenügend beachtet, so ist stets er der Leidtragende.

Das Aufgebotsverfahren [6]) für abhanden gekommene Schecks regelt sich nach den in §§ 946 ff. der Zivilprozeßordnung gegebenen Vorschriften. Die Aufgebotsfrist muß mindestens 2 Monate betragen.

Der Scheckprozeß [7]) ist den Kammern für Handelssachen zugewiesen, sofern in erster Instanz das Landgericht zuständig ist.

1) § 19 SchG.
2) § 20 Sch.G.
3) § 21 SchG. Art. 83 WO. § 812 BGB.
4) § 23 SchG.
5) § 823 BGB.
6) § 27 SchG. § 365 HGB.
7) § 28 SchG.

Für die Geltendmachung von Regreßansprüchen im Urkundsprozeß finden die in §§ 602—605 gegebenen Vorschriften der Zivilprozeßordnung Anwendung.

Besonderes Interesse haben die Vorschriften über die örtliche Zuständigkeit für die Sparkasse nicht, da letztere sich in ihren Bedingungen stets das Recht vorbehalten wird, Rechtsstreitigkeiten bei dem für sie zuständigen Gericht zum Austrag zu bringen.

Die Steuerpflicht für den Scheck ist im Scheckgesetz [1]) zwar verneint, durch Reichsgesetz vom 15. Juli 1909 aber wiederhergestellt. Die bezügliche Bestimmung lautet: „Tarifstelle 10. Im Inland ausgestellte Schecks und Schecks, welche im Ausland auf das Inland ausgestellt sind, 10 Pfennig vom einzelnen Scheck.

Den Schecks stehen gleich die Quittungen über Geldsummen, die aus Guthaben des Ausstellers bei den im § 2 des Scheckgesetzes vom 11. März 1908 bezeichneten Anstalten oder Firmen gezahlt werden, sofern die Quittung im Inland ausgestellt oder ausgehändigt wird.

Befreit sind

1. im inländischen Postverkehr ausgestellte Schecks;
2. Schecks, die dem Wechselstempel unterliegen."

Für Schecks, die vor dem Ausstellungstage in Umlauf gesetzt sind, gelten die für Wechsel bestehenden Steuervorschriften.

Die Geschäfts- und Buchführung.

Die Herstellung der Scheckformulare wird nur einer durchaus zuverlässigen Firma übertragen werden können, die Gewähr dafür bietet, daß keine Formulare zurückbehalten werden und in unzulässiger Weise in den Verkehr gelangen können.

Die Kontrolle über den Vorrat an Scheckheften, der selbstverständlich sorgfältig aufzubewahren ist, wird durch ein nach folgendem Muster einzurichtendes Kontrollbuch ausgeübt.

---

1) § 29 SchG.

Datum		Verbrauch auf Konto	Verbrauch Stückzahl	Bestand	Datum		Verbrauch auf Konto	Verbrauch Stückzahl	Bestand
1910 April	1.			2000					
"	"	1	1						
"	2.	2	1						
"	4.	3	1						
"	"	5	2						
usw.				73					
Juli	1.			1927					

Die Buchführung über den Giro= und Scheckverkehr dürfte sich in die bereits bestehende Buchführung leicht einfügen lassen. Es kommen in Betracht:

a) das Kontoblatt,

b) die Kartothek,

c) das Journal.

Muster zum

....

Unterschriften:

Scheckheft Nr.:

Sch. Nr.	1.	2.	3.	4.	5.	6.	7.	8.	9.	10.
	6.	7.	8.	9.	30.	1.	2.	3.	4.	5.

Datum	Zu oder Ab	Kapital	Tage	Zinsen %	Spesen	Bemerkungen

usw.

Das Kontoblatt ist im wesentlichen wie ein Spareinlagekonto eingerichtet und findet wie ein solches Verwendung (s. untenstehendes Muster).

Eine Erweiterung hat das Formular gefunden durch die Bezeichnung der Nummer des Scheckheftes sowie der Schecknummern. Zum Buchen der Spesen ist eine besondere Spalte und zur näheren Bezeichnung der Kapitalpost, etwa durch Angabe des Einzahlers oder Empfängers, die Bemerkungsspalte eingefügt.

Die Spesenspalte sämtlicher Konten ist nach gewissen Zeitabschnitten, am Schlusse des Jahres oder der Halbjahre aufzurechnen. Auf jedem Konto ist die auf diese Weise ermittelte Summe vom Kapital abzuschreiben und demnach wie eine Kapitalrückzahlung zu behandeln. Die Summen sind in einer die Spalten: Kontonummer und Betrag enthaltenden Nachweisung zusammenzustellen, auf Grund deren im Journal die Verausgabung als Kapital und Vereinnahmung als Auslagenerstattung zu erfolgen hat. Wird in den Büchern der Kreditverkehr in laufender Rechnung abgesondert vom Depositenverkehr behandelt, so ist für jede dieser Arten über die Spesen eine besondere Nachweisung aufzustellen.

Kontoblatt.

№ ....

1.	2.	3.	4.	5.	6.	7.	8.	9.	20.	1.	2.	3.	4.	5.
6.	7.	8.	9.	40.	1.	2.	3.	4.	5.	6.	7.	8.	9.	50.

Datum	Zu oder Ab	Kapital	Tage	Zinsen %	Spesen	Bemerkungen

usw.

Die vorgedruckten Schecknummern dienen zur Kontrolle über die Rückkunft des Schecks, indem die Nummern der eingelösten oder als ungültig zurückgegebenen durchstrichen werden. Die Nummern der als in Verlust geraten angemeldeten Scheckformulare sind besonders augenfällig mit roter Tinte zu durchstreichen damit bei etwaiger Präsentation die Aufmerksamkeit darauf besonders hingelenkt wird.

Die Konten über Vorschüsse (Ausleihungen) sind zwecks leichter Unterscheidung von den über Depositen geführten auf andersfarbigem Papier herzustellen, gleichen aber sonst den anderen in der Einrichtung nahezu vollständig. Das Formular zum Vorschußkonto weist oben rechts nur noch den Betrag nach, bis zu dessen Höhe der Kredit bewilligt ist.

Da das Schuldverhältnis sich leicht derart wandeln kann, daß der Schuldner von heute Morgen der Gläubiger der Kasse ist, muß vorweg Vorsorge dafür getroffen werden, daß nach beiden Richtungen hin die erforderliche Darstellung in der Buchführung erfolgen kann. Das geschieht, indem bei Eröffnung eines Vorschußkontos gleichzeitig auch ein Guthabenkonto angelegt wird, auf das ein von der Kasse festzusetzendes Mindestguthaben, vielleicht 100 M. oder mehr, gehalten werden muß. Das Depositenkonto führt dann neben seiner Nummer die Bezeichnung A, während die Nummer des Vorschußkontos ein B erhält. Wird ein Depositenkonto vorgenommen, so erkennt man gegebenenfalls an dem Buchstabenzusatz, daß noch ein zweites dazugehöriges Vorschußkonto vorhanden ist.

Bestehen zwei Konten, so sind die Nummern der eingelösten oder verloren gemeldeten Schecks auf beiden zu streichen.

Ist zu einem Scheckheft ein Scheckschlüssel ausgegeben, so ist dieses auf dem Kontoblatt mittels Stempelaufdrucks „S“ kenntlich zu machen.

Die Konten werden unter fortlaufender Nummer geführt. Ist ein Blatt vollgeschrieben, so folgt darauf ein zweites mit gleicher Ordnungsnummer, der nach Art der arithmetischen Potenzbezeichnung eine kleine Ziffer angefügt wird, um darauf hinzuweisen, daß es sich um das 2., 3. usw. Blatt handelt, z. B. 116².

Am Schlusse eines jeden Tages ist festzustellen, ob sämtliche Geschäftsvorfälle richtig auf die Kontoblätter übertragen sind. Hierzu dient eine, mittels einer Rechenmaschine herzustellende Tageskontrolle, nach Art der für Einlagen üblichen.

Die Kartothek ist erforderlich, um auch ohne Kenntnis der Kontonummer nach dem Namen das erforderliche Konto heraussuchen zu können.

Das Kassenjournal der bisherigen Verwaltung wird nach Einführung des Giro- und Scheckverkehrs durch je zwei Spalten in der Einnahme sowie in der Ausgabe zu erweitern sein. Als Überschriften haben jene die in Einnahme und Ausgabe gleiche Bezeichnung: $\frac{\text{Scheckverkehr}}{\text{Guthaben} \mid \text{Vorschuß}}$ zu tragen.

Im Laufe des Jahres läßt sich eine derartige Spalteneinfügung natürlich nicht bewerkstelligen. Man kann sich alsdann damit helfen, daß der neue Verkehr in der Spareinlagenspalte verbucht wird. Die Absonderung erfolgt in der Weise, daß bei Aufstellung der täglichen Kontrolle die Spareinlagenkonten und diejenigen des Scheckverkehrs gesondert zusammengestellt werden. Die Ergebnisse sind in einer bis zum Jahresschluß fortzuführenden Liste zusammenzufassen, für die folgende Spaltenüberschriften in Betracht kommen:

	Einnahme			Ausgabe		
Datum	**Spareinlagen**	**Scheckverkehr**		**Spareinlagen**	**Scheckverkehr**	
		A	B		A	B

Diejenigen Sparkassen, die den Giro- und Scheckverkehr einführen, werden zumeist einen derartigen Geschäftsumfang haben, daß sie genötigt sind, über die Einlagen ein Nebenjournal zu führen. Alsdann ist es zweckmäßig, für den Giro- und Scheckverkehr ebenfalls ein Nebenjournal, und zwar nach folgendem Muster anzulegen.

Monat: ______________________

Lfd. Nr.	Tag	Konto-Nr.	Einnahme Depositen (A)		Einnahme Vorschüsse (B)		Einnahme Tagessumme		Ausgabe Depositen (A)		Ausgabe Vorschüsse (B)		Ausgabe Tagessumme		Bemerkungen
1.	2.	3.	4.		5.		6.		7.		8.		9.		10.
Übertrag:			7642	30	5112	10	12 754	40	6318	—	6112	80	12 430	80	
			315	—	100	—			610	—	130	—			
1	3.	16	100	—											
2		31			50	—									
3		112									100	—			
4		16	50	—											
5		18	200	—											
6		57					815	—	320	—			1160	—	
7	4.	18							100	—					
8		112	100	—	300	—									
9		47							18	—					
0		16							200	—					
1		57	50	—											
2		140	1000	—											
usw.		97					1 450	—			60	—	378	—	
	5.	117			100	—									
		141							500	—					
		67							200	—					
		119	200	—											
		212									600	—			
		143			400	—									
zu übertragen:			9457	30	5562	10	15 019	40	7566	—	6402	80	13 968	80	
			200	—	500	—			700	—	600	—			

Am Schlusse eines jeden Tages erfolgt die Aufrechnung der Spalten 4 und 5 und Eintragung der Summe in Spalte 6, was auch in bezug auf die Spalten 7—9 sinngemäß gilt.

Die Übertragung der Seitensummen erfolgt einmal fortlaufend durch den ganzen Monat und ferner als Übertrag zur Ermittelung der Tagessumme. Erstere Summen stehen oberhalb, letztere unterhalb der Mittellinie. Beim Übertrag müssen die Summen aus Spalte 4 + 5 gleich der Summe in Spalte 6 sein und die Summe in Spalte 7 + 8 haben die in Spalte 9 erscheinende Zahl zu ergeben.

Die Tagessummen sind in das Hauptjournal zu übernehmen, das bei dieser Art von Nebenjournalführung in Einnahme wie Ausgabe je nur eine Spalte für den Scheckverkehr haben darf, weil auf die Frage, wieviel von den Summen auf Depositen und wieviel auf Vorschüsse entfällt, das Nebenjournal Aufschluß gibt.

Das Nebenjournal kann durch Anfügung einer zur Aufnahme der Auslagespesen bestimmten Spalte erweitert werden, deren Summe am Ende einer Rechnungsperiode mit dem aus den Konten ermittelten Gesamtbetrag übereinstimmen soll.

Nimmt der Verrechnungsverkehr wesentliche Ausdehnung an, so empfiehlt es sich, für diesen besondere Memoriale zu führen, die in ihrer Einrichtung den Journalen völlig gleichen. Alle Posten, die nicht eine Barzahlung bedingen, finden im Memorial Aufnahme, während das Journal lediglich zum Buchen barer Kassenposten dient. Im Memorial müssen die Haupteinnahme- sowie die Hauptausgabespalten stets ein völlig gleiches Resultat ergeben. Zur Ermittelung des Gesamtergebnisses werden an den Monatsschlüssen die Summen aus dem Memorial in das Kassenjournal übertragen, wodurch naturgemäß eine Beeinflussung des baren Kassenbestandes nicht erfolgt.

Die Aufbewahrung der eingelösten Schecks, Zahlungs-, Überweisungsaufträge u. dgl. werden aktenmäßig unter Verwendung von Schnellheftern oder auch in Sönneckenschen Briefordnermappen, die aber ohne die Alphabetblätter zu benutzen sind, aufbewahrt.

Zuerst ist regelmäßig das vom Kunden unterzeichnete Exemplar der Girobestimmungen einzuheften, das mithin in dem Bande das letzte Blatt ist. Auf die erwähnte Unterschrift muß zwecks Vergleichung mit den Unterschriften auf den Schecks zurückgegriffen werden, wenn einmal der Namenszug auf dem Kontoblatt nicht hat beschafft werden können.

Ist zu dem Scheckheft ein Scheckschlüssel ausgegeben, so ist die zweite Ausfertigung auf die zweite oder dritte Deckelseite oder sonst an eine geeignete Stelle einzukleben. Die erledigten Schlüsselnummern sind zu durchstreichen.

Die Akten oder Mappen haben stets die Nummer des Kontos zu tragen.

Der Abfertigungsdienst geht in der Weise vor sich, daß in der Buchhalterei zunächst jeder Antrag und jedes dazu gehörige Papier geprüft wird.

Handelt es sich dabei um Einzahlungen, dann wird besonderes Augenmerk darauf zu richten sein, ob die angegebene Kontonummer auch wirklich richtig ist. Fehlt jene, so ist sie mit Hilfe der Kartothek zu ermitteln und das betreffende Papier entsprechend zu vervollständigen.

Bei der Vorlegung von Schecks, Zahlungs- sowie von Überweisungsaufträgen ist die Echtheit der Unterschrift durch Vergleichen mit dem bei der Kasse abgegebenen Namenszug zu prüfen. Ferner ist darauf zu achten, ob die entsprechende Schecknummer auf dem Kontoblatt etwa rot durchstrichen ist, in welchem Falle es sich um einen in Verlust geratenen Scheck handeln würde. Daß genügend fällige Deckungsmittel vorhanden sein müssen und etwaige Verfügungsbeschränkungen zu befolgen sind, ist eigentlich selbstverständlich.

Endlich auch ist auf die Befolgung der für die Ausfertigung von Scheckformularen vorgeschriebenen allgemeinen Bestimmungen, sowie etwa besonders vereinbarter (z. B. betr. Scheckschlüssel) zu halten. Leere Textstellen sind mit Strichen auszufüllen, die am rechten Rande befindliche Kontrolleiste ist durch Abstreichen der den Scheckbetrag überschießenden Beträge in Ordnung zu bringen u. dgl. m.

Steht der Ausführung des Auftrages nichts entgegen, so erfolgt unter Zuhilfenahme eines Stempels auf der Rückseite des Schecks die Vermerkung der zur Last zu schreibenden Auslagen etwa, wie folgt:

Pauschal-Auslagen	....	M.	....	Pf.
Porto		"		"
Scheckstempel		"		"
	....	"	....	"
zusammen	....	M.		Pf.

Daneben setzt der Buchhalter sein gekürztes Namenszeichen, daß die anderen Beamten die erfolgte Prüfung erkennen läßt.

Im übrigen findet für die Buchführung, namentlich auch für die Tageskontrolle der Konten, das im Spareinlagenverkehr übliche Verfahren Anwendung.

Scheckgesetz. Vom 11. März 1908.

Wir Wilhelm, von Gottes Gnaden Deutscher Kaiser, König von Preußen 2c.

verordnen im Namen des Reichs, nach erfolgter Zustimmung des Bundesrats und des Reichstags, was folgt:

§ 1.

Der Scheck muß enthalten:

1. die in den Text aufzunehmende Bezeichnung als Scheck oder, wenn der Scheck in einer fremden Sprache ausgestellt ist, einen jener Bezeichnung entsprechenden Ausdruck in der fremden Sprache;
2. die an den Bezogenen gerichtete Anweisung des Ausstellers, aus seinem Guthaben eine bestimmte Geldsumme zu zahlen;
3. die Unterschrift des Ausstellers;
4. die Angabe des Ortes und des Tages der Ausstellung.

§ 2.

Als Bezogene sollen nur bezeichnet werden:

1. diejenigen Anstalten des öffentlichen Rechtes, diejenigen unter staatlicher Aufsicht stehenden Anstalten sowie diejenigen in das Genossenschaftsregister eingetragenen Genossenschaften, welche sich nach den für ihren Geschäftsbetrieb maßgebenden Bestimmungen mit der Annahme von Geld und der Leistung von Zahlungen für fremde Rechnung befassen, ferner die unter amtlicher Aufsicht

stehenden Sparkassen, wenn sie die nach Landesrecht für sie geltenden Aufsichtsbestimmungen erfüllen;

2. die in das Handelsregister eingetragenen Firmen, welche gewerbsmäßig Bankiergeschäfte betreiben.

§ 3.

Als Guthaben ist der Geldbetrag anzusehen, bis zu welchem der Bezogene nach dem zwischen ihm und dem Aussteller bestehenden Rechtsverhältnisse Schecks einzulösen verpflichtet ist.

§ 4.

Als Zahlungsempfänger kann entweder eine bestimmte Person oder Firma oder der Inhaber des Schecks angegeben werden. Der Aussteller kann sich selbst als Zahlungsempfänger bezeichnen.

Sind dem Namen oder der Firma des Zahlungsempfängers die Worte „oder Überbringer" oder ein gleichbedeutender Zusatz beigefügt oder enthält der Scheck keine Angabe darüber, an wen zu zahlen ist, so gilt er als auf den Inhaber gestellt.

§ 5.

Der bei dem Namen oder der Firma des Bezogenen angegebene Ort gilt als Zahlungsort. Die Angabe eines anderen Zahlungsorts gilt als nicht geschrieben. Ist bei dem Namen oder der Firma des Bezogenen ein Ort nicht angegeben, so gilt der Ausstellungsort als Zahlungsort.

§ 3.

Ist die zu zahlende Geldsumme in Buchstaben und in Ziffern ausgedrückt, so gilt bei Abweichungen die in Buchstaben ausgedrückte Summe. Ist die Summe mehrmals mit Buchstaben oder mehrmals mit Ziffern geschrieben, so gilt bei Abweichungen die geringere Summe.

§ 7.

Der Scheck ist bei Sicht zahlbar. Die Angabe einer anderen Zahlungszeit macht den Scheck nichtig.

§ 8.

Der auf einen bestimmten Zahlungsempfänger gestellte Scheck kann durch Indossament übertragen werden, wenn nicht der Aussteller die Übertragung durch die Worte „nicht an Order" oder durch einen gleichbedeutenden Zusatz untersagt hat.

In betreff der Form des Indossaments, in betreff der Legitimation des Besitzers eines indossierten Schecks und der Prüfung der Legitimation sowie in betreff der Verpflichtung des Besitzers zur Herausgabe finden die Vorschriften der Artikel 11—13, 36, 74 [1]) der Wechselordnung entsprechende Anwendung. Ein auf eine Abschrift des Schecks gesetztes Indossament ist jedoch unwirksam. Das Gleiche gilt von einem Indossamente des Bezogenen. Ein Indossament an den Bezogenen gilt als Quittung.

1) **WO. Artikel 11.** Das Indossament muß auf den Wechsel, eine Kopie desselben oder ein mit dem Wechsel oder der Kopie verbundenes Blatt (Allonge) geschrieben werden.

Artikel 12. Ein Indossament ist gültig, wenn der Indossant auch nur seinen Namen oder seine Firma auf die Rückseite des Wechsels oder der Kopie oder auf die Allonge schreibt (Blanko-Indossament).

Artikel 13. Jeder Inhaber eines Wechsels ist befugt, die auf demselben befindlichen Blanko-Indossamente auszufüllen; er kann den Wechsel aber auch ohne diese Ausfüllung weiter indossieren.

Artikel 36. Der Inhaber eines indossierten Wechsels wird durch eine zusammenhängende, bis auf ihn hinuntergehende Reihe von Indossamenten als Eigentümer des Wechsels legitimiert. Das erste Indossament muß demnach mit dem Namen des Remittenten, jedes folgende Indossament mit dem Namen desjenigen unterzeichnet sein, welchen das unmittelbar vorhergehende Indossament als Indossatar benennt. Wenn auf ein Blanko-Indossament ein weiteres Indossament folgt, so wird angenommen, daß der Aussteller des letzteren den Wechsel durch das Blanko-Indossament erworben hat. Ausgestrichene Indossamente werden bei Prüfung der Legitimation als nicht geschrieben angesehen. Die Echtheit der Indossamente zu prüfen, ist der Zahlende nicht verpflichtet.

Artikel 74. Der nach den Bestimmungen des Art. 36 legitimierte Besitzer eines Wechsels kann nur dann zur Herausgabe desselben angehalten werden, wenn er den Wechsel in bösem Glauben erworben hat oder ihm bei der Erwerbung des Wechsels eine grobe Fahrlässigkeit zur Last fällt.

§ 9.

Schecks, die auf einen bestimmten Zahlungsempfänger gestellt und im Auslande zahlbar sind, können in mehreren Ausfertigungen ausgestellt werden. Jede Ausfertigung muß im Texte mit der Bezeichnung „Erste, zweite, dritte usw. Ausfertigung“ oder mit einer gleichbedeutenden Bezeichnung versehen werden; ist dies nicht geschehen, so gilt jede Ausfertigung als ein für sich bestehender Scheck.

Ist von mehreren Ausfertigungen eine bezahlt, so verlieren dadurch die anderen ihre Kraft. Jedoch bleiben aus den übrigen Ausfertigungen der Indossant, welcher mehrere Ausfertigungen an verschiedene Personen indossiert hat, und alle späteren Indossanten, deren Unterschriften sich auf den bei der Zahlung nicht zurückgegebenen Ausfertigungen befinden, auf Grund ihres Indossaments verpflichtet.

§ 10.

Der Scheck kann nicht angenommen werden. Ein auf den Scheck gesetzter Annahmevermerk gilt als nicht geschrieben.

§ 11.

Der im Inland ausgestellte und zahlbare Scheck ist binnen zehn Tagen nach der Ausstellung dem Bezogenen am Zahlungsorte zur Zahlung vorzulegen.

Für Schecks, die im Ausland ausgestellt, im Inlande zahlbar sind, bestimmt der Bundesrat die Vorlegungsfrist. Das Gleiche gilt für Schecks, die im Inland ausgestellt, im Auslande zahlbar sind, sofern das ausländische Recht keine Vorschrift über die Zeit der Vorlegung enthält.

Fällt der letzte Tag der Frist auf einen Sonntag oder einen am Zahlungsorte staatlich anerkannten allgemeinen Feiertag, so tritt an die Stelle des Sonntags oder des Feiertags der nächstfolgende Werktag.

§ 12.

Die Einlieferung eines Schecks in eine Abrechnungsstelle, bei welcher der Bezogene vertreten ist, gilt als Vorlegung zur Zahlung am Zahlungsorte, sofern die Einlieferung den für den Geschäftsverkehr der Abrechnungsstelle maßgebenden Bestimmungen entspricht.

Der Bundesrat bestimmt, welche Stellen als Abrechnungsstellen im Sinne dieses Gesetzes zu gelten haben.

§ 13.

Der Bezogene, der den Scheckbetrag bezahlt, kann die Aushändigung des quittierten Schecks verlangen.

Der Ablauf der Vorlegungsfrist ist auf das Recht des Bezogenen zur Zahlung ohne Einfluß.

Ein Widerruf des Schecks ist erst nach dem Ablaufe der Vorlegungsfrist wirksam.

§ 14.

Der Aussteller sowie jeder Inhaber eines Schecks kann durch den quer über die Vorderseite gesetzten Vermerk: „Nur zur Verrechnung" verbieten, daß der Scheck bar bezahlt werde. Der Bezogene darf in diesem Falle den Scheck nur durch Verrechnung einlösen. Die Verrechnung gilt als Zahlung im Sinne dieses Gesetzes.

Das Verbot kann nicht zurückgenommen werden. Die Übertretung des Verbots macht den Bezogenen für den dadurch entstehenden Schaden verantwortlich.

§ 15.

Der Aussteller und die Indossanten haften dem Inhaber für die Einlösung des Schecks.

Auch bei dem auf den Inhaber gestellten Scheck haftet jeder, der seinen Namen oder seine Firma auf die Rückseite des Schecks geschrieben hat, dem Inhaber für die Einlösung. Auf den Bezogenen findet diese Vorschrift keine Anwendung.

Hat ein Indossant dem Indossamente die Bemerkung „ohne Gewährleistung“ oder einen gleichbedeutenden Vorbehalt hinzugefügt, so ist er von der Verbindlichkeit aus seinem Indossamente befreit.

§ 16.

Zur Ausübung des Regreßrechts muß nachgewiesen werden, daß der Scheck rechtzeitig zur Zahlung vorgelegt und nicht eingelöst oder daß die Vorlegung vergeblich versucht worden ist. Der Nachweis kann nur geführt werden:

1. durch eine auf den Scheck gesetzte, von dem Bezogenen unterschriebene und den Tag der Vorlegung enthaltende Erklärung;
2. durch eine Bescheinigung der Abrechnungsstelle, daß der Scheck vor dem Ablaufe der Vorlegungsfrist eingeliefert und nicht eingelöst worden ist;
3. durch einen Protest.

Auf die Vorlegung des Schecks und den Protest finden die Vorschriften der Artikel 87, 88, 90, 91 [1]) der Wechselordnung entsprechende Anwendung.

Enthält der Scheck die Aufforderung keinen Protest zu erheben, so finden die Vorschriften des Artikel 42 [2]) der Wechselordnung entsprechende Anwendung.

1) **WO. Artikel 87.** Jeder Protest muß durch einen Notar oder einen Gerichtsbeamten oder einen Postbeamten aufgenommen werden. Der Zuziehung von Zeugen oder eines Protokollführers bedarf es dabei nicht.

Artikel 88. In den Protest ist aufzunehmen:

1. der Name oder die Firma der Personen, für welche und gegen welche der Protest erhoben wird;
2. die Angabe, daß die Person, gegen welche protestiert wird, ohne Erfolg zur Vornahme der wechselrechtlichen Leistung aufgefordert worden oder nicht anzutreffen gewesen ist oder daß ihr Geschäftslokal oder ihre Wohnung sich nicht hat ermitteln lassen;

3. die Angabe des Ortes sowie des Kalendertags, Monats und Jahres, an welchem die Aufforderung (Nr. 2) geschehen oder ohne Erfolg versucht worden ist;
4. im Falle einer Ehrenannahme oder einer Ehrenzahlung die Erwähnung, von wem, für wen und wie sie angeboten oder geleistet wird.

Der Protest ist von dem Protestbeamten zu unterzeichnen und mit dem Amtssiegel oder dem Amtsstempel zu versehen.

Artikel 88a. Der Protest mangels Zahlung ist auf den Wechsel oder auf ein mit dem Wechsel zu verbindendes Blatt zu setzen.

Der Protest soll unmittelbar hinter den letzten auf der Rückseite des Wechsels befindlichen Vermerk, in Ermangelung eines solchen unmittelbar an einen Rand der Rückseite gesetzt werden.

Wird der Protest auf ein Blatt gesetzt, das mit dem Wechsel verbunden wird, so soll die Verbindungsstelle mit dem Amtssiegel oder dem Amtsstempel versehen werden. Ist dies geschehen, so braucht der Unterschrift des Protestbeamten ein Siegel oder Stempel nicht beigefügt zu werden.

Wird der Protest unter Vorlegung mehrerer Exemplare desselben Wechsels oder unter Vorlegung des Originals und einer Kopie erhoben, so genügt die Beurkundung auf einem der Exemplare oder auf dem Originalwechsel. Auf den anderen Exemplaren oder auf der Kopie ist zu vermerken, daß sich der Protest mangels Zahlung auf dem ersten Exemplar oder auf dem Originalwechsel befindet. Auf den Vermerk finden die Vorschriften des Abs. 2 und des Abs. 3 Satz 1 entsprechende Anwendung. Der Protestbeamte hat den Vermerk zu unterzeichnen.

Artikel 88b. Bezieht sich der Protest auf eine andere wechselrechtliche Leistung als die Zahlung, so ist er auf eine Abschrift des Wechsels oder der Kopie oder auf ein mit der Abschrift zu verbindendes Blatt zu setzen. Die Abschrift hat auch die auf dem Wechsel oder der Kopie befindlichen Indossamente und anderen Vermerke zu enthalten. Die Vorschriften des Artikel 88a Abs. 2, 3 finden entsprechende Anwendung.

Artikel 89a. Die Wechselzahlung kann an den Protestbeamten erfolgen. Die Befugnis des Protestbeamten zur Annahme der Zahlung kann nicht ausgeschlossen werden.

Artikel 90. Schreibfehler, Auslassungen und sonstige Mängel der Protesturkunde können bis zur Aushändigung der Urkunde an die Person, für welche der Protest erhoben ist, von dem Protestbeamten berichtigt werden. Die Berichtigung ist als solche unter Beifügung der Unterschrift kenntlich zu machen.

Von dem Protest ist eine beglaubigte Abschrift zurückzubehalten. Über den Inhalt des Wechsels oder der Kopie ist ein Vermerk aufzunehmen. Der Vermerk hat zu enthalten:

1. den Betrag des Wechsels;
2. die Zahlungszeit;
3. den Ort, den Monatstag und das Jahr der Ausstellung;
4. die Namen des Ausstellers, des Remittenten und des Bezogenen;
5. falls eine vom Bezogenen verschiedene Person angegeben ist, durch welche die Zahlung erfolgen soll, den Namen dieser Person sowie die Namen der etwaigen Notadressen und Ehrenakzeptanten.

Die Abschriften und Vermerke sind geordnet aufzubewahren.

Artikel 91. Die Präsentation zur Annahme oder Zahlung, die Protesterhebung, die Abforderung eines Wechselduplikats sowie alle sonstigen bei einer bestimmten Person vorzunehmenden Akte müssen in deren Geschäftslokal und in Ermangelung eines solchen in deren Wohnung vorgenommen werden. An einer anderen Stelle, z. B. an der Börse, kann dies nur mit beiderseitigem Einverständnisse geschehen.

Ist in dem Proteste vermerkt, daß sich das Geschäftslokal oder die Wohnung nicht hat ermitteln lassen, so ist der Protest nicht deshalb ungültig, weil die Ermittelung möglich war.

Die Verantwortlichkeit des Protestbeamten, der es unterläßt, geeignete Ermittelungen anzustellen, wird durch die Vorschrift des Abs. 2 nicht berührt. Ist eine Nachfrage bei der Polizeibehörde des Ortes ohne Erfolg geblieben, so ist der Protestbeamte zu weiteren Nachforschungen nicht verpflichtet.

Artikel 91a. Eine in dem Geschäftslokal oder in der Wohnnng eines Beteiligten vorgenommene Handlung ist auch dann gültig, wenn an Stelle des Ortes, in welchem das Geschäftslokal oder die Wohnung liegt, ein benachbarter Ort in dem Wechsel angegeben ist. Mit beiderseitigem Einverständnisse können auch in anderen Fällen die bei einem Beteiligten vorzunehmenden Handlungen an einem Orte erfolgen, der dem im Wechsel angegebenen Orte benachbart ist.

Welche Orte im Sinne dieser Vorschriften als benachbarte anzusehen sind, bestimmt der Bundesrat; die Bestimmung ist im Reichs-Gesetzblatte bekannt zu machen.

Artikel 92 Abs. 2. Die Proteste sollen nur in der Zeit von 9 Uhr vormittags bis 6 Uhr abends erhoben werden. Außerhalb dieser Zeit soll die Protesterhebung nur erfolgen, wenn die Person, gegen welche protestiert wird, ausdrücklich einwilligt.

Bekanntmachung, betreffend die Erhebung von Wechsel- und Scheckprotesten durch Postbeamte. Vom 5. August 1908.

Mit dem Inkrafttreten des Gesetzes, betreffend die Erleichterung des Wechselprotestes, vom 30. Mai 1908 (Reichs-Gesetzbl. S. 321 ff.) und gemäß § 30 des Scheckgesetzes vom 11. März 1908 (Reichs-Gesetzbl. S. 71ff.) sind auch die Postbeamten zur Aufnahme von Wechsel- und Scheckprotesten berufen.

Auf Grund des § 3 des erstgenannten Gesetzes wird unter Zustimmung des Bundesrats angeordnet, daß vom 1. Oktober 1908 ab die Postverwaltung die Erhebung von Wechsel- und Scheckprotesten mit folgenden Beschränkungen übernimmt:

1. Proteste, die sich auf eine andere wechselrechtliche Leistung als die Zahlung beziehen, werden nicht erhoben.
2. Die Erhebung von Protesten mangels Zahlung bleibt ausgeschlossen
   a) für Wechsel und Schecks, die über mehr als 800 Mark lauten,
   b) für Wechsel und Schecks, die in fremder Sprache ausgestellt sind,
   c) für Wechsel und Schecks, die auf eine ausländische Münzsorte lauten, sofern der Aussteller durch den Gebrauch des Wortes „effektiv" oder eines ähnlichen Zusatzes die Zahlung in der im Wechsel benannten Münzsorte ausdrücklich bestimmt hat,
   d) für Wechsel, die mit Notadresse oder Ehrenakzept versehen sind,
   e) für Wechsel, die unter Vorlegung mehrerer Exemplare desselben Wechsels oder unter Vorlegung des Originals und einer Kopie zu protestieren sind.

2) **WO. Artikel 42.** Die Aufforderung, keinen Protest erheben zu lassen („ohne Protest", „ohne Kosten" usw.) gilt als Erlaß des Protestes, nicht aber als Erlaß der Pflicht zur rechtzeitigen Präsentation. Der Wechselverpflichtete, von welchem jene Aufforderung ausgeht, muß die Beweislast übernehmen, wenn er die rechtzeitig geschehene Präsentation in Abrede stellt. Gegen die Pflicht zum Ersatze der Protestkosten schützt jene Aufforderung nicht.

§ 17.

Wegen der Benachrichtigung der Vormänner und ihres Einlösungsrechts sowie wegen des Umfanges der Regreßforderung und der Befugnis zur Ausstreichung von Indossamenten finden die Vorschriften der Artikel 45—48, 50—52 und des Artikel 55[1]) der Wechselordnung mit der Maßgabe entsprechende Anwendung, daß der Inhaber des vergeblich zur Zahlung vorgelegten Schecks verpflichtet ist, seinen unmittelbaren Vormann innerhalb zweier

Tage nach der Ausstellung der im § 16 Abs. 1 bezeichneten Erklärung, Bescheinigung oder Protesturkunde, spätestens aber innerhalb zweier Tage nach dem Ablaufe der Vorlegungsfrist, von der Nichtzahlung des Schecks zu benachrichtigen.

1) WO. Artikel 45. Der Inhaber eines mangels Zahlung protestierten Wechsels ist verpflichtet, seinen unmittelbaren Vormann innerhalb zweier Tage nach dem Tage der Protesterhebung von der Nichtzahlung des Wechsels schriftlich zu benachrichtigen, zu welchem Ende es genügt, wenn das Benachrichtigungsschreiben innerhalb dieser Frist zur Post gegeben ist. Jeder benachrichtigte Vormann muß binnen derselben, vom Tage des empfangenen Berichts zu berechnenden Frist seinen nächsten Vormann in gleicher Weise benachrichtigen. Der Inhaber oder Indossatar, welcher die Benachrichtigung unterläßt oder dieselbe nicht an den unmittelbaren Vormann ergehen läßt, wird hierdurch den sämtlichen oder den übersprungenen Vormännern zum Ersatze des aus der unterlassenen Benachrichtigung entstandenen Schadens verpflichtet. Auch verliert derselbe gegen diese Personen den Anspruch auf Zinsen und Kosten, so daß er nur die Wechselsumme zu fordern berechtigt ist.

Artikel 46. Kommt es auf den Nachweis der dem Vormanne rechtzeitig gegebenen schriftlichen Benachrichtigung an, so genügt zu diesem Zwecke der durch ein Postattest geführte Beweis, daß ein Brief von dem Beteiligten an den Adressaten an dem angegebenen Tage abgesandt ist, sofern nicht dargetan wird, daß der angekommene Brief einen anderen Inhalt gehabt hat. Auch der Tag des Empfanges der erhaltenen schriftlichen Benachrichtigung kann durch ein Postattest nachgewiesen werden.

Artikel 47. Hat ein Indossant den Wechsel ohne Hinzufügung einer Ortsbezeichnung weiter begeben, so ist der Vormann desselben von der unterbliebenen Zahlung zu benachrichtigen.

Artikel 50. Die Regreßansprüche des Inhabers, welcher den Wechsel mangels Zahlung hat protestieren lassen, beschränken sich auf

1. die nicht bezahlte Wechselsumme nebst sechs Prozent jährlicher Zinsen vom Verfalltag ab;
2. die Protestkosten und anderen Auslagen;
3. eine Provision von ein Drittel Prozent.

Die vorstehenden Beträge müssen, wenn der Regreßpflichtige an einem anderen Orte als dem Zahlungsorte wohnt, zu demjenigen Kurse gezahlt werden, welchen ein vom Zahlungsort auf den Wohnort des Regreßpflichtigen gezogener Wechsel auf Sicht hat. Besteht am Zahlungsorte kein Kurs auf jenen Wohnort, so wird der Kurs nach demjenigen Platze genommen, welcher dem Wohnorte des Regreßpflichtigen am nächsten liegt. Der Kurs ist auf Verlangen des Regreßpflichtigen durch einen unter öffentlicher Autorität ausgestellten Kurszettel oder durch das Attest eines vereideten Mäklers oder in Ermangelung derselben durch ein Attest zweier Kaufleute zu bescheinigen.

Artikel 51. Der Indossant, welcher den Wechsel eingelöst oder als Rimesse erhalten hat, ist von einem früheren Indossanten oder von dem Aussteller zu fordern berechtigt:

1. die von ihm gezahlte oder durch Rimesse berichtigte Summe nebst sechs Prozent jährlicher Zinsen vom Tage der Zahlung;
2. die ihm erstandenen Kosten;
3. eine Provision von ein Drittel Prozent.

Die vorstehenden Beträge müssen, wenn der Regreßpflichtige an einem anderen Orte als der Regreßnehmer wohnt, zu demjenigen Kurse gezahlt werden, welchen ein vom Wohnorte des Regreßnehmers auf den Wohnort des Regreßpflichtigen gezogener Wechsel auf Sicht hat. Besteht im Wohnorte des Regreßnehmers kein Kurs auf den Wohnort des Regreßpflichtigen, so wird der Kurs nach demjenigen Platze genommen, welcher dem Wohnorte des Regreßpflichtigen am nächsten liegt. Wegen der Bescheinigung des Kurses kommt die Bestimmung des Artikel 50 zur Anwendung.

Artikel 52. Durch die Bestimmungen der Artikel 50 und 51 Nr. 1 und 3 wird bei einem Regreß auf einen ausländischen Ort die Berechnung höherer dort zulässiger Sätze nicht ausgeschlossen.

Artikel 55. Jeder Indossant, der einen seiner Nachmänner befriedigt hat, kann sein eigenes und seiner Nachmänner Indossament ausstreichen.

§ 18.

Der Inhaber des Schecks kann sich wegen seiner ganzen Regreßforderung an alle Verpflichtete oder auch nur an einige oder einen halten, ohne dadurch seinen Anspruch gegen die nicht in Anspruch genommenen Verpflichteten zu verlieren. Es steht in seiner Wahl, welchen Verpflichteten er zuerst in Anspruch nehmen will.

Dem Inhaber des Schecks kann der Schuldner nur solche Einwendungen entgegensetzen, welche die Gültigkeit seiner Erklärung in dem Scheck betreffen oder sich aus dem Inhalte des Schecks ergeben oder ihm unmittelbar gegen den Inhaber zustehen.

§ 19.

Der Regreßpflichtige ist nur gegen Auslieferung des Schecks, der zum Nachweise der rechtzeitigen Vorlegung und der Nicht=

einlösung oder des vergeblichen Versuchs der Vorlegung dienenden Urkunden und einer quittierten Rechnung Zahlung zu leisten verbunden.

§ 20.

Die Regreßansprüche gegen den Aussteller und die übrigen Vormänner verjähren, wenn der Scheck in Europa mit Ausnahme von Island und den Faröern zahlbar ist, in drei Monaten, andernfalls in sechs Monaten.

Die Verjährung beginnt gegen den Inhaber des Schecks mit dem Ablaufe der Vorlegungsfrist, gegen jeden Indossanten, wenn er, bevor eine Klage gegen ihn erhoben worden ist, gezahlt hat, mit der Zahlung, in allen übrigen Fällen mit der Erhebung der Klage.

§ 21.

Der Aussteller, dessen Regreßverbindlichkeit durch Unterlassung rechtzeitiger Vorlegung oder durch Verjährung erloschen ist, bleibt dem Inhaber des Schecks soweit verpflichtet, als er sich mit dessen Schaden bereichern würde.

§ 22.

In den Fällen des § 14 Abs. 2 und des § 21 verjährt der Anspruch in einem Jahre seit der Ausstellung des Schecks.

§ 23.

Aus einem Scheck, auf dem die Unterschrift des Ausstellers oder eines Indossanten gefälscht ist, bleiben diejenigen, deren Unterschriften echt sind, verpflichtet.

§ 24.

Auf die Anfechtung einer auf einen Scheck geleisteten Zahlung finden die Vorschriften des § 34[1]) der Konkursordnung entsprechende Anwendung.

1) **KO. § 34.** Wechselzahlungen des Gemeinschuldners können auf Grund des § 30 Nr. 1 von dem Empfänger nicht zurückgefordert werden, wenn nach Wechselrecht der Empfänger bei Verlust des Wechselanspruchs gegen andere Wechselverpflichtete zur Annahme der Zahlung verbunden war.

Die gezahlte Wechselsumme muß von dem letzten Wechselregreßschuldner oder, falls derselbe den Wechsel für Rechnung eines Dritten begeben hatte, von diesem erstattet werden, wenn dem letzten Wechselregreßschuldner oder dem Dritten zu der Zeit, als er den Wechsel begab oder begeben ließ, einer der im § 30 Nr. 1 erwähnten Umstände bekannt war.

§ 30. Anfechtbar sind:

1. die nach der Zahlungseinstellung oder dem Antrage auf Eröffnung des Verfahrens von dem Gemeinschuldner eingegangenen Rechtsgeschäfte, durch deren Eingehung die Konkursgläubiger benachteiligt werden, wenn dem anderen Teile zu der Zeit, als er das Geschäft einging, die Zahlungseinstellung oder der Eröffnungsantrag bekannt war; sowie die nach der Zahlungseinstellung oder dem Eröffnungsantrage erfolgten Rechtshandlungen, welche einem Konkursgläubiger Sicherung oder Befriedigung gewähren, wenn dem Gläubiger zu der Zeit, als die Handlung erfolgte, die Zahlungseinstellung oder der Eröffnungsantrag bekannt war.

§ 25.

Im Auslande zahlbare Schecks dürfen auch auf solche Bezogene lauten, auf die nach dem ausländischen Rechte ein Scheck gezogen werden darf.

§ 26.

Die wesentlichen Erfordernisse eines im Ausland ausgestellten Schecks sowie jeder im Ausland auf einen Scheck gesetzten Erklärung werden nach den Gesetzen des Ortes beurteilt, an welchem die Ausstellung oder die Erklärung erfolgt ist.

Entspricht jedoch der im Ausland ausgestellte Scheck oder die im Ausland auf einen Scheck gesetzte Erklärung den Anforderungen des inländischen Gesetzes, so kann daraus, daß nach ausländischem Gesetz ein Mangel vorliegt, kein Einwand gegen die Rechtsverbindlichkeit der später im Inland auf den Scheck gesetzten Erklärungen entnommen werden. Auch ist die im Ausland erfolgte Ausstellung eines im Inlande zahlbaren Schecks sowie die auf einen solchen Scheck im Auslande gesetzte Erklärung wirksam, wenn sie auch nur den Anforderungen des inländischen Gesetzes entspricht.

§ 27.

Abhanden gekommene oder vernichtete Schecks unterliegen der Kraftloserklärung im Wege des Aufgebotsverfahrens. Die Aufgebotsfrist muß mindestens zwei Monate betragen.

Nach Einleitung des Aufgebotsverfahrens kann der Berechtigte, falls der Scheck rechtzeitig zur Zahlung vorgelegt, von dem Bezogenen aber nicht eingelöst worden war, von dem Aussteller Zahlung fordern, wenn er bis zur Kraftloserklärung Sicherheit leistet.

§ 28.

Bürgerliche Rechtsstreitigkeiten, in welchen durch die Klage ein Anspruch auf Grund dieses Gesetzes geltend gemacht wird, gehören, sofern in erster Instanz die Landgerichte zuständig sind, vor die Kammern für Handelssachen.

In bürgerlichen Rechtsstreitigkeiten, in welchen durch Klage oder Widerklage ein Anspruch auf Grund dieses Gesetzes geltend gemacht ist, wird die Verhandlung und Entscheidung letzter Instanz im Sinne des § 8 des Einführungsgesetzes zum Gerichtsverfassungsgesetze dem Reichsgerichte zugewiesen.

Auf die Geltendmachung von Regreßansprüchen aus einem Scheck finden die den Wechselprozeß betreffenden Vorschriften der §§ 602—605 [1]) der Zivilprozeßordnung entsprechende Anwendung. Die Rechtsstreitigkeiten, in welchen ein solcher Anspruch geltend gemacht wird, gelten als Feriensachen.

1) **ZPO. § 602.** Werden im Urkundenprozesse Ansprüche aus Wechseln im Sinne der Wechselordnung geltend gemacht (Wechselprozeß), so kommen die nachfolgenden besonderen Vorschriften zur Anwendung.

§ 603. Wechselklagen können sowohl bei dem Gerichte des Zahlungsorts als bei dem Gericht angestellt werden, bei welchem der Beklagte seinen allgemeinen Gerichtsstand hat.

Wenn mehrere Wechselverpflichtete gemeinschaftlich verklagt werden, so ist außer dem Gerichte des Zahlungsorts jedes Gericht zuständig, bei welchem einer der Beklagten seinen allgemeinen Gerichtsstand hat.

§ 604. Die Klage muß die Erklärung enthalten, daß im Wechselprozesse geklagt werde.

Die Einlassungsfrist beträgt mindestens vierundzwanzig Stunden, wenn die Klage am Orte, der Sitz des Prozeßgerichts ist, zugestellt wird; mindestens drei Tage, wenn die Klage an einem anderen Orte zugestellt wird, der im Bezirke des Prozeßgerichts oder, falls dieses ein Amtsgericht ist, im Bezirke des dem Amtsgericht übergeordneten Landgerichts liegt, oder von dem ein Teil zu diesem Bezirke gehört; mindestens eine Woche, wenn die Klage sonst im Inlande zugestellt wird. Das Gleiche gilt von der Ladungsfrist, soweit sie nicht nach den allgemeinen Bestimmungen kürzer als die im ersten Satze festgesetzte Einlassungsfrist ist.

In den höheren Instanzen beträgt die Einlassungs- und Ladungsfrist mindestens vierundzwanzig Stunden, wenn die Zustellung der Berufungs- oder Revisionsschrift oder der Ladung an dem Orte erfolgt, der Sitz des höheren Gerichts ist; mindestens drei Tage, wenn die Zustellung an einem anderen Orte erfolgt, der ganz oder zum Teil in dem Landgerichtsbezirke liegt, in welchem das höhere Gericht seinen Sitz hat; mindestens eine Woche, wenn die Zustellung sonst im Inland erfolgt.

§ 605. Soweit es zur Erhaltung des wechselmäßigen Anspruchs der rechtzeitigen Protesterhebung nicht bedarf, ist als Beweismittel bezüglich der Präsentation des Wechsels Eideszuschiebung zulässig.

Zur Berücksichtigung einer Nebenforderung genügt, daß sie glaubhaft gemacht ist.

§ 29.

Im Sinne des § 24 [1]) des Gesetzes, betreffend die Wechselstempelsteuer, vom 10. Juni 1869 (Bundes-Gesetzbl. S. 193 ff.) sind als Schecks, für welche die Befreiung von der Wechselstempelabgabe bestimmt ist, diejenigen Urkunden anzusehen, die den Anforderungen der §§ 1, 2, 7, 25, 26 des gegenwärtigen Gesetzes entsprechen.

Die Vorschrift des Abs. 1 findet keine Anwendung auf Schecks, welche vor dem auf ihnen angegebenen Ausstellungstag in Umlauf gesetzt sind. Für die Entrichtung der Abgabe haftet als Gesamtschuldner jeder, der am Umlaufe des Schecks im Sinne des § 5 des Gesetzes, betreffend die Wechselstempelsteuer, im Inlande vor dem Ausstellungstage teilgenommen hat.

1) Dieser Hinweis ist infolge des Wechselstempelgesetzes vom 15. Juli 1909 hinfällig geworden. Die Steuerpflicht ist am Ende des Abschnittes Guthabenbegriff usw. behandelt.

§ 30.

Dieses Gesetz tritt am 1. April 1908 in Kraft. Die Vorschriften finden auf früher ausgestellte Schecks keine Anwendung.

Mit dem Inkrafttreten des Gesetzes, betreffend die Erleichterung des Wechselprotestes, werden die im § 16 des gegenwärtigen Gesetzes angeführten Vorschriften durch die neuen Artikel 87— 88 a, 89 a, 90—91 a, 92 Abs. 2 der Wechselordnung [1]) sowie durch die §§ 3, 4 des erstgenannten Gesetzes ersetzt.

Urkundlich unter Unserer Höchsteigenhändigen Unterschrift und beigedrucktem Kaiserlichen Insiegel.

1) s. S. 83 ff.

Sachregister.

(Die Zahlen verweisen auf die Seiten.)

Frommannsche Buchdruckerei (Hermann Pohle) in Jena. — 3806

FSC
www.fsc.org
MIX
Papier | Fördert gute Waldnutzung
FSC® C083411

Kolibri 360 GmbH
Ferdinand-Jühlke-Straße 7
99095 Erfurt, Deutschland
produktsicherheit@kolibri360.de